T&P BOOKS

POLACO

VOCABULÁRIO

PALAVRAS MAIS ÚTEIS

PORTUGUÊS POLACO

Para alargar o seu léxico e apurar as suas competências linguísticas

5000 palavras

Vocabulário Português-Polaco - 5000 palavras
Por Andrey Taranov

Os vocabulários da T&P Books destinam-se a ajudar a aprender, a memorizar, e a rever palavras estrangeiras. O dicionário é dividido em temas, cobrindo todas as principais esferas de atividades quotidianas, negócios, ciência, cultura, etc.

O processo de aprendizagem, utilizando os dicionários baseados em temáticas da T&P Books dá-lhe as seguintes vantagens:

- Informação de origem corretamente agrupada predetermina o sucesso em fases subsequentes da memorização de palavras
- Disponibilização de palavras derivadas da mesma raiz, o que permite a memorização de unidades de texto (em vez de palavras separadas)
- Pequenas unidades de palavras facilitam o processo de estabelecimento de vínculos associativos necessários para a consolidação do vocabulário
- O nível de conhecimento da língua pode ser estimado pelo número de palavras aprendidas

T&P Books Publishing
www.tpbooks.com

ISBN: 978-1-78400-927-4

Este livro também está disponível em formato E-book.
Por favor visite www.tpbooks.com ou as principais livrarias on-line.

VOCABULÁRIO POLACO
palavras mais úteis

Os vocabulários da T&P Books destinam-se a ajudar a aprender, a memorizar, e a rever palavras estrangeiras. O vocabulário contém mais de 5000 palavras de uso comum organizadas tematicamente.

O vocabulário contém as palavras mais comummente usadas
Recomendado como adicional para qualquer curso de línguas
Satisfaz as necessidades dos iniciados e dos alunos avançados de línguas estrangeiras
Conveniente para o uso diário, sessões de revisão e atividades de auto-teste
Permite avaliar o seu vocabulário

Características especias do vocabulário

- As palavras estão organizadas de acordo com o seu significado, e não por ordem alfabética
- As palavras são apresentadas em três colunas para facilitar os processos de revisão e auto-teste
- As palavras compostas são divididas em pequenos blocos para facilitar o processo de aprendizagem
- O vocabulário oferece uma transcrição simples e adequada de cada palavra estrangeira

O vocabulário contém 155 tópicos incluindo:

Conceitos básicos, Números, Cores, Meses, Estações do ano, Unidades de medida, Roupas & Acessórios, Alimentos & Nutrição, Restaurante, Membros da Família, Parentes, Caráter, Sentimentos, Emoções, Doenças, Cidade, Passeios, Compras, Dinheiro, Casa, Lar, Escritório, Trabalho no Escritório, Importação & Exportação, Marketing, Pesquisa de Emprego, Desportos, Educação, Computador, Internet, Ferramentas, Natureza, Países, Nacionalidades e muito mais ...

TABELA DE CONTEÚDOS

GUIA DE PRONUNCIAÇÃO

Vogais

Letra	Exemplo Polaco	Alfabeto fonético T&P	Exemplo Português
A a	fala	[a]	chamar
Ą ą	są	[ɔ̃]	anaconda
E e	tekst	[ɛ]	mesquita
Ę ę	pięć	[ɛ̃]	centro
I i	niski	[i]	sinónimo
O o	strona	[ɔ]	emboço
Ó ó	ołów	[u]	bonita
U u	ulica	[u]	bonita
Y y	stalowy	[ɨ]	sinónimo

Consoantes

Letra	Exemplo Polaco	Alfabeto fonético T&P	Exemplo Português
B b	brew	[b]	barril
C c	palec	[ʦ]	tsé-tsé
Ć ć	haftować	[ʧ]	Tchau!
D d	modny	[d]	dentista
F f	perfumy	[f]	safári
G g	zegarek	[g]	gosto
H h	handel	[h]	[h] aspirada
J j	jajko	[j]	géiser
K k	krab	[k]	kiwi
L l	mleko	[l]	libra
Ł ł	głodny	[w]	página web
M m	guma	[m]	magnólia
N n	Indie	[n]	natureza
Ń ń	jesień	[ɲ]	ninhada
P p	poczta	[p]	presente
R r	portret	[r]	riscar
S s	studnia	[s]	sanita
Ś ś	świat	[ɕ]	shiatsu
T t	taniec	[t]	sitiar
W w	wieczór	[v]	fava
Z z	zachód	[z]	sésamo
Ź ź	żaba	[ʑ]	tajique
Ż ż	żagiel	[ʒ]	talvez

Letra	Exemplo Polaco	Alfabeto fonético T&P	Exemplo Português

Combinações de letras

ch	**ich, zachód**	[ɦ]	[h] suave
ci	**kwiecień**	[ʧ]	Tchim-tchim!
cz	**czasami**	[ʧ]	Tchau!
dz	**dzbanek**	[ʣ]	pizza
dzi	**dziecko**	[ʥ]	tajique
dź	**dźwig**	[ʥ]	tajique
dż	**dżinsy**	[j]	géiser
ni	**niedziela**	[ɲ]	ninhada
rz	**orzech**	[ʒ]	talvez
si	**osiem**	[ɕ]	shiatsu
sz	**paszport**	[ʃ]	mês
zi	**zima**	[ʑ]	tajique

Comentários

- As letras **Qq, Ww, Xx** são usadas apenas em estrangeirismos

ABREVIATURAS usadas no vocabulário

Abreviaturas do Português

adj	-	adjetivo
adv	-	advérbio
anim.	-	animado
conj.	-	conjunção
desp.	-	desporto
etc.	-	etecetra
ex.	-	por exemplo
f	-	nome feminino
f pl	-	feminino plural
fem.	-	feminino
inanim.	-	inanimado
m	-	nome masculino
m pl	-	masculino plural
m, f	-	masculino, feminino
masc.	-	masculino
mat.	-	matemática
mil.	-	militar
pl	-	plural
prep.	-	preposição
pron.	-	pronome
sb.	-	sobre
sing.	-	singular
v aux	-	verbo auxiliar
vi	-	verbo intransitivo
vi, vt	-	verbo intransitivo, transitivo
vr	-	verbo reflexivo
vt	-	verbo transitivo

Abreviaturas do Polaco

ż	-	nome feminino
ż, l.mn.	-	feminino plural
l.mn.	-	plural
m	-	nome masculino
m, ż	-	masculino, feminino
m, l.mn.	-	masculino plural
n	-	neutro

CONCEITOS BÁSICOS

Conceitos básicos. Parte 1

1. Pronomes

eu	**ja**	[ja]
tu	**ty**	[tɨ]
ele	**on**	[ɔn]
ela	**ona**	['ɔna]
ele, ela (neutro)	**ono**	['ɔnɔ]
nós	**my**	[mɨ]
vocês	**wy**	[vɨ]
eles, elas	**one**	['ɔnɛ]

2. Cumprimentos. Saudações. Despedidas

Olá!	**Dzień dobry!**	[dʒeɲ 'dɔbrɨ]
Bom dia! (formal)	**Dzień dobry!**	[dʒeɲ 'dɔbrɨ]
Bom dia! (de manhã)	**Dzień dobry!**	[dʒeɲ 'dɔbrɨ]
Boa tarde!	**Dzień dobry!**	[dʒeɲ 'dɔbrɨ]
Boa noite!	**Dobry wieczór!**	[dɔbrɨ 'vetʃur]
cumprimentar (vt)	**witać się**	['vitatʃ ɕɛ̃]
Olá!	**Cześć!**	[tʃɛɕtʃ]
saudação (f)	**pozdrowienia** (l.mn.)	[pɔzdrɔ'veɲa]
saudar (vt)	**witać**	['vitatʃ]
Como vai?	**Jak się masz?**	[jak ɕɛ̃ maʃ]
O que há de novo?	**Co nowego?**	[tsɔ nɔ'vɛgɔ]
Até à vista!	**Do widzenia!**	[dɔ vi'dzɛɲa]
Até breve!	**Do zobaczenia!**	[dɔ zɔbat'ʃɛɲa]
Adeus! (sing.)	**Żegnaj!**	['ʒɛgnaj]
Adeus! (pl)	**Żegnam!**	['ʒɛgnam]
despedir-se (vr)	**żegnać się**	['ʒɛgnatʃ ɕɛ̃]
Até logo!	**Na razie!**	[na 'raʒe]
Obrigado! -a!	**Dziękuję!**	[dʒɛ̃'kue]
Muito obrigado! -a!	**Bardzo dziękuję!**	[bardzɔ dʒɛ̃'kuɛ̃]
De nada	**Proszę**	['prɔʃɛ̃]
Não tem de quê	**To drobiazg**	[tɔ 'drɔbʲazk]
De nada	**Nie ma za co**	['ne ma 'za tsɔ]
Desculpa! -pe!	**Przepraszam!**	[pʃɛp'raʃam]
desculpar (vt)	**wybaczać**	[vɨ'batʃatʃ]

desculpar-se (vr)	**przepraszać**	[pʃɛp'raʃatʃ]
As minhas desculpas	**Przepraszam!**	[pʃɛp'raʃam]
Desculpe!	**Przepraszam!**	[pʃɛp'raʃam]
perdoar (vt)	**wybaczać**	[vɨ'batʃatʃ]
por favor	**proszę**	['prɔʃɛ̃]
Não se esqueça!	**Nie zapomnijcie!**	[ne zapɔm'nijtʃe]
Certamente! Claro!	**Oczywiście!**	[ɔtʃɨ'viɕtʃe]
Claro que não!	**Oczywiście, że nie!**	[ɔtʃiviɕtʃe ʒɛ 'ne]
Está bem! De acordo!	**Zgoda!**	['zgɔda]
Basta!	**Dosyć!**	['dɔsɨtʃ]

3. Como se dirigir a alguém

senhor	**Proszę pana**	['prɔʃɛ̃ 'pana]
senhora	**Proszę pani**	['prɔʃɛ̃ 'pani]
rapariga	**Proszę pani**	['prɔʃɛ̃ 'pani]
rapaz	**Proszę pana**	['prɔʃɛ̃ 'pana]
menino	**Chłopczyku**	[hwɔpt'ʃɨku]
menina	**Dziewczynko**	[dʒevt'ʃɨŋkɔ]

4. Números cardinais. Parte 1

zero	**zero**	['zɛrɔ]
um	**jeden**	['edɛn]
dois	**dwa**	[dva]
três	**trzy**	[tʃɨ]
quatro	**cztery**	['tʃtɛrɨ]
cinco	**pięć**	[pɛ̃tʃ]
seis	**sześć**	[ʃɛɕtʃ]
sete	**siedem**	['ɕedɛm]
oito	**osiem**	['ɔɕem]
nove	**dziewięć**	['dʒevɛ̃tʃ]
dez	**dziesięć**	['dʒeɕɛ̃tʃ]
onze	**jedenaście**	[edɛ'naɕtʃe]
doze	**dwanaście**	[dva'naɕtʃe]
treze	**trzynaście**	[tʃɨ'naɕtʃe]
catorze	**czternaście**	[tʃtɛr'naɕtʃe]
quinze	**piętnaście**	[pɛ̃t'naɕtʃe]
dezasseis	**szesnaście**	[ʃɛs'naɕtʃe]
dezassete	**siedemnaście**	[ɕedɛm'naɕtʃe]
dezoito	**osiemnaście**	[ɔɕem'naɕtʃe]
dezanove	**dziewiętnaście**	[dʒevɛ̃t'naɕtʃe]
vinte	**dwadzieścia**	[dva'dʒeɕtʃʲa]
vinte e um	**dwadzieścia jeden**	[dva'dʒeɕtʃʲa 'edɛn]
vinte e dois	**dwadzieścia dwa**	[dva'dʒeɕtʃʲa dva]
vinte e três	**dwadzieścia trzy**	[dva'dʒeɕtʃʲa tʃɨ]
trinta	**trzydzieści**	[tʃɨ'dʒeɕtʃi]

trinta e um	**trzydzieści jeden**	[tʃi'dʒeɕtʃi 'edɛn]
trinta e dois	**trzydzieści dwa**	[tʃi'dʒeɕtʃi dva]
trinta e três	**trzydzieści trzy**	[tʃi'dʒeɕtʃi tʃi]
quarenta	**czterdzieści**	[tʃtɛr'dʒeɕtʃi]
quarenta e um	**czterdzieści jeden**	[tʃtɛr'dʒeɕtʃi 'edɛn]
quarenta e dois	**czterdzieści dwa**	[tʃtɛr'dʒeɕtʃi dva]
quarenta e três	**czterdzieści trzy**	[tʃtɛr'dʒeɕtʃi tʃi]
cinquenta	**pięćdziesiąt**	[pɛ̃'dʒeɕɔ̃t]
cinquenta e um	**pięćdziesiąt jeden**	[pɛ̃'dʒeɕɔ̃t 'edɛn]
cinquenta e dois	**pięćdziesiąt dwa**	[pɛ̃'dʒeɕɔ̃t dva]
cinquenta e três	**pięćdziesiąt trzy**	[pɛ̃'dʒeɕɔ̃t tʃi]
sessenta	**sześćdziesiąt**	[ʃɛɕ'dʒeɕɔ̃t]
sessenta e um	**sześćdziesiąt jeden**	[ʃɛɕ'dʒeɕɔ̃t 'edɛn]
sessenta e dois	**sześćdziesiąt dwa**	[ʃɛɕ'dʒeɕɔ̃t dva]
sessenta e três	**sześćdziesiąt trzy**	[ʃɛɕ'dʒeɕɔ̃t tʃi]
setenta	**siedemdziesiąt**	[ɕedɛm'dʒeɕɔ̃t]
setenta e um	**siedemdziesiąt jeden**	[ɕedɛm'dʒeɕɔ̃t 'edɛn]
setenta e dois	**siedemdziesiąt dwa**	[ɕedɛm'dʒeɕɔ̃t dva]
setenta e três	**siedemdziesiąt trzy**	[ɕedɛm'dʒeɕɔ̃t tʃi]
oitenta	**osiemdziesiąt**	[ɔɕem'dʒeɕɔ̃t]
oitenta e um	**osiemdziesiąt jeden**	[ɔɕem'dʒeɕɔ̃t 'edɛn]
oitenta e dois	**osiemdziesiąt dwa**	[ɔɕem'dʒeɕɔ̃t dva]
oitenta e três	**osiemdziesiąt trzy**	[ɔɕem'dʒeɕɔ̃t tʃi]
noventa	**dziewięćdziesiąt**	[dʒevɛ̃'dʒeɕɔ̃t]
noventa e um	**dziewięćdziesiąt jeden**	[dʒevɛ̃'dʒeɕɔ̃t edɛn]
noventa e dois	**dziewięćdziesiąt dwa**	[dʒevɛ̃'dʒeɕɔ̃t dva]
noventa e três	**dziewięćdziesiąt trzy**	[dʒevɛ̃'dʒeɕɔ̃t tʃi]

5. Números cardinais. Parte 2

cem	**sto**	[stɔ]
duzentos	**dwieście**	['dveɕtʃe]
trezentos	**trzysta**	['tʃista]
quatrocentos	**czterysta**	['tʃtɛrista]
quinhentos	**pięćset**	['pɛ̃tʃsɛt]
seiscentos	**sześćset**	['ʃɛɕtʃsɛt]
setecentos	**siedemset**	['ɕedɛmsɛt]
oitocentos	**osiemset**	[ɔ'ɕemsɛt]
novecentos	**dziewięćset**	['dʒevɛ̃tʃsɛt]
mil	**tysiąc**	['tiɕɔ̃ts]
dois mil	**dwa tysiące**	[dva tiɕɔ̃tsɛ]
De quem são ...?	**trzy tysiące**	[tʃi tiɕɔ̃tsɛ]
dez mil	**dziesięć tysięcy**	['dʒeɕɛ̃tʃ ti'ɕentsi]
cem mil	**sto tysięcy**	[stɔ ti'ɕentsi]
um milhão	**milion**	['miʎjɔn]
mil milhões	**miliard**	['miʎjart]

6. Números ordinais

primeiro	**pierwszy**	['perfʃɨ]
segundo	**drugi**	['drugi]
terceiro	**trzeci**	['tʃɛtʃi]
quarto	**czwarty**	['tʃfartɨ]
quinto	**piąty**	[pɔ̃tɨ]
sexto	**szósty**	['ʃustɨ]
sétimo	**siódmy**	['ɕudmɨ]
oitavo	**ósmy**	['usmɨ]
nono	**dziewiąty**	[dʒevɔ̃tɨ]
décimo	**dziesiąty**	[dʒeɕɔ̃tɨ]

7. Números. Frações

fração (f)	**ułamek** (m)	[u'wamɛk]
um meio	**jedna druga**	['edna 'druga]
um terço	**jedna trzecia**	['edna 'tʃɛtʃʲa]
um quarto	**jedna czwarta**	['edna 'tʃfarta]
um oitavo	**jedna ósma**	['edna 'usma]
um décimo	**jedna dziesiąta**	['edna dʒeɕɔ̃ta]
dois terços	**dwie trzecie**	[dve 'tʃɛtʃe]
três quartos	**trzy czwarte**	[tʃɨ 'tʃfarte]

8. Números. Operações básicas

subtração (f)	**odejmowanie** (n)	[ɔdɛjmɔ'vane]
subtrair (vi, vt)	**odejmować**	[ɔdɛj'mɔvatʃ]
divisão (f)	**dzielenie** (n)	[dʒe'lene]
dividir (vt)	**dzielić**	['dʒelitʃ]
adição (f)	**dodawanie** (n)	[dɔda'vane]
somar (vt)	**dodać**	['dɔdatʃ]
adicionar (vt)	**dodawać**	[dɔ'davatʃ]
multiplicação (f)	**mnożenie** (n)	[mnɔ'ʒɛne]
multiplicar (vt)	**mnożyć**	['mnɔʒɨtʃ]

9. Números. Diversos

algarismo, dígito (m)	**cyfra** (ż)	['tsɨfra]
número (m)	**liczba** (ż)	['litʃba]
numeral (m)	**liczebnik** (m)	[lit'ʃɛbnik]
menos (m)	**minus** (m)	['minus]
mais (m)	**plus** (m)	[plys]
fórmula (f)	**wzór** (m)	[vzur]
cálculo (m)	**obliczenie** (n)	[ɔbli'tʃane]
contar (vt)	**liczyć**	['litʃɨtʃ]

calcular (vt)	**podliczać**	[pɔd'litʃatʃ]
comparar (vt)	**porównywać**	[pɔruv'nɨvatʃ]
Quanto, -os, -as?	**Ile?**	['ile]
soma (f)	**suma** (ż)	['suma]
resultado (m)	**wynik** (m)	['vɨnik]
resto (m)	**reszta** (ż)	['rɛʃta]
alguns, algumas ...	**kilka**	['kiʎka]
um pouco de ...	**niedużo ...**	[ne'duʒɔ]
resto (m)	**reszta** (ż)	['rɛʃta]
um e meio	**półtora**	[puw'tɔra]
dúzia (f)	**tuzin** (m)	['tuʒin]
ao meio	**na pół**	[na puw]
em partes iguais	**po równo**	[pɔ 'ruvnɔ]
metade (f)	**połowa** (ż)	[pɔ'wɔva]
vez (f)	**raz** (m)	[raz]

10. Os verbos mais importantes. Parte 1

abrir (vt)	**otwierać**	[ɔt'feratʃ]
acabar, terminar (vt)	**kończyć**	['kɔɲtʃɨtʃ]
aconselhar (vt)	**radzić**	['radʒitʃ]
adivinhar (vt)	**odgadnąć**	[ɔd'gadnɔ̃tʃ]
advertir (vt)	**ostrzegać**	[ɔst'ʃɛgatʃ]
ajudar (vt)	**pomagać**	[pɔ'magatʃ]
almoçar (vi)	**jeść obiad**	[eɕtʃ 'ɔbʲat]
alugar (~ um apartamento)	**wynajmować**	[vɨnaj'mɔvatʃ]
amar (vt)	**kochać**	['kɔhatʃ]
ameaçar (vt)	**grozić**	['grɔʒitʃ]
anotar (escrever)	**zapisywać**	[zapi'sɨvatʃ]
apanhar (vt)	**łowić**	['wɔvitʃ]
apressar-se (vr)	**śpieszyć się**	['ɕpeʃɨtʃ ɕɛ̃]
arrepender-se (vr)	**żałować**	[ʒa'wɔvatʃ]
assinar (vt)	**podpisywać**	[pɔtpi'sɨvatʃ]
atirar, disparar (vi)	**strzelać**	['stʃɛʎatʃ]
brincar (vi)	**żartować**	[ʒar'tɔvatʃ]
brincar, jogar (crianças)	**grać**	[gratʃ]
buscar (vt)	**szukać**	['ʃukatʃ]
caçar (vi)	**polować**	[pɔ'lɜvatʃ]
cair (vi)	**spadać**	['spadatʃ]
cavar (vt)	**kopać**	['kɔpatʃ]
cessar (vt)	**przestawać**	[pʃɛs'tavatʃ]
chamar (~ por socorro)	**wołać**	['vɔwatʃ]
chegar (vi)	**przyjeżdżać**	[pʃɨ'eʒdʒatʃ]
chorar (vi)	**płakać**	['pwakatʃ]
começar (vt)	**rozpoczynać**	[rɔspɔt'ʃɨnatʃ]
comparar (vt)	**porównywać**	[pɔruv'nɨvatʃ]

compreender (vt)	**rozumieć**	[rɔ'zumetʃ]
concordar (vi)	**zgadzać się**	['zgadzatʃ ɕɛ̃]
confiar (vt)	**ufać**	['ufatʃ]
confundir (equivocar-se)	**mylić**	['mɨlitʃ]
conhecer (vt)	**znać**	[znatʃ]
contar (fazer contas)	**liczyć**	['litʃɨtʃ]
contar com (esperar)	**liczyć na ...**	['litʃɨtʃ na]
continuar (vt)	**kontynuować**	[kɔntɨnu'ɔvatʃ]
controlar (vt)	**kontrolować**	[kɔntrɔ'lɜvatʃ]
convidar (vt)	**zapraszać**	[zap'raʃatʃ]
correr (vi)	**biec**	[bets]
criar (vt)	**stworzyć**	['stfɔʒɨtʃ]
custar (vt)	**kosztować**	[kɔʃ'tɔvatʃ]

11. Os verbos mais importantes. Parte 2

dar (vt)	**dawać**	['davatʃ]
dar uma dica	**czynić aluzje**	['tʃɨnitʃ a'lyzʰe]
decorar (enfeitar)	**ozdabiać**	[ɔz'dabʲatʃ]
defender (vt)	**bronić**	['brɔnitʃ]
deixar cair (vt)	**upuszczać**	[u'puʃtʃatʃ]
descer (para baixo)	**schodzić**	['shɔdʒitʃ]
desculpar-se (vr)	**przepraszać**	[pʃɛp'raʃatʃ]
dirigir (~ uma empresa)	**kierować**	[ke'rɔvatʃ]
discutir (notícias, etc.)	**omawiać**	[ɔ'mavʲatʃ]
dizer (vt)	**powiedzieć**	[pɔ'vedʒetʃ]
duvidar (vt)	**wątpić**	['vɔ̃tpitʃ]
encontrar (achar)	**znajdować**	[znaj'dɔvatʃ]
enganar (vt)	**oszukiwać**	[ɔʃu'kivatʃ]
entrar (na sala, etc.)	**wchodzić**	['fhɔdʒitʃ]
enviar (uma carta)	**wysyłać**	[vɨ'sɨwatʃ]
errar (equivocar-se)	**mylić się**	['mɨlitʃ ɕɛ̃]
escolher (vt)	**wybierać**	[vɨ'beratʃ]
esconder (vt)	**chować**	['hɔvatʃ]
escrever (vt)	**pisać**	['pisatʃ]
esperar (o autocarro, etc.)	**czekać**	['tʃɛkatʃ]
esperar (ter esperança)	**mieć nadzieję**	[metʃ na'dʒeɛ̃]
esquecer (vt)	**zapominać**	[zapɔ'minatʃ]
estudar (vt)	**studiować**	[studʰɜvatʃ]
exigir (vt)	**zażądać**	[za'ʒɔ̃datʃ]
existir (vi)	**istnieć**	['istnetʃ]
explicar (vt)	**objaśniać**	[ɔbʰ'jaɕɲatʃ]
falar (vi)	**rozmawiać**	[rɔz'mavʲatʃ]
faltar (clases, etc.)	**opuszczać**	[ɔ'puʃtʃatʃ]
fazer (vt)	**robić**	['rɔbitʃ]
gabar-se, jactar-se (vr)	**chwalić się**	['hfalitʃ ɕɛ̃]
gostar (apreciar)	**podobać się**	[pɔ'dɔbatʃ ɕɛ̃]

gritar (vi)	**krzyczeć**	['kʃɨʧɛʧ]
guardar (cartas, etc.)	**zachowywać**	[zahɔ'vɨvaʧ]
informar (vt)	**informować**	[infɔr'mɔvaʧ]
insistir (vi)	**nalegać**	[na'legaʧ]
insultar (vt)	**znieważać**	[zne'vaʒaʧ]
interessar-se (vr)	**interesować się**	[intɛrɛ'sɔvaʧ ɕɛ̃]
ir (a pé)	**iść**	[iɕʧ]
ir nadar	**kąpać się**	['kɔ̃paʧ ɕɛ̃]
jantar (vi)	**jeść kolację**	[eɕʧ kɔ'ʎats^{h}ɛ̃]

12. Os verbos mais importantes. Parte 3

ler (vt)	**czytać**	['ʧɨtaʧ]
libertar (cidade, etc.)	**wyzwalać**	[vɨz'vaʎaʧ]
matar (vt)	**zabijać**	[za'bijaʧ]
mencionar (vt)	**wspominać**	[fspɔ'minaʧ]
mostrar (vt)	**pokazywać**	[pɔka'zɨvaʧ]
mudar (modificar)	**zmienić**	['zmeniʧ]
nadar (vi)	**pływać**	['pwɨvaʧ]
negar-se a ...	**odmawiać**	[ɔd'mav^{j}aʧ]
objetar (vt)	**sprzeciwiać się**	[spʃɛ'ʧiv^{j}aʧ ɕɛ̃]
observar (vt)	**obserwować**	[ɔbsɛr'vɔvaʧ]
ordenar (mil.)	**rozkazywać**	[rɔska'zɨvaʧ]
ouvir (vt)	**słyszeć**	['swɨʃɛʧ]
pagar (vt)	**płacić**	['pwaʧiʧ]
parar (vi)	**zatrzymywać się**	[zaʧɨ'mɨvaʧ ɕɛ̃]
participar (vi)	**uczestniczyć**	[uʧɛst'niʧɨʧ]
pedir (comida)	**zamawiać**	[za'mav^{j}aʧ]
pedir (um favor, etc.)	**prosić**	['prɔɕiʧ]
pegar (tomar)	**brać**	[braʧ]
pensar (vt)	**myśleć**	['mɨɕleʧ]
perceber (ver)	**zauważać**	[zau'vaʒaʧ]
perdoar (vt)	**przebaczać**	[pʃɛ'baʧaʧ]
perguntar (vt)	**pytać**	['pɨtaʧ]
permitir (vt)	**zezwalać**	[zɛz'vaʎaʧ]
pertencer a ...	**należeć**	[na'leʒɛʧ]
planear (vt)	**planować**	[pʎa'nɔvaʧ]
possuir (vt)	**posiadać**	[pɔ'ɕadaʧ]
preferir (vt)	**woleć**	['vɔleʧ]
preparar (vt)	**gotować**	[gɔ'tɔvaʧ]
prever (vt)	**przewidzieć**	[pʃɛ'viʤeʧ]
prometer (vt)	**obiecać**	[ɔ'betsaʧ]
pronunciar (vt)	**wymawiać**	[vɨ'mav^{j}aʧ]
propor (vt)	**proponować**	[prɔpɔ'nɔvaʧ]
punir (castigar)	**karać**	['karaʧ]

13. Os verbos mais importantes. Parte 4

quebrar (vt)	**psuć**	[psuʧ]
queixar-se (vr)	**skarżyć się**	['skarʒɨʧ ɕɛ̃]
querer (desejar)	**chcieć**	[hʧeʧ]
recomendar (vt)	**polecać**	[pɔ'leʦaʧ]
repetir (dizer outra vez)	**powtarzać**	[pɔf'taʒaʧ]
repreender (vt)	**besztać**	['bɛʃtaʧ]
reservar (~ um quarto)	**rezerwować**	[rɛzɛr'vɔvaʧ]
responder (vt)	**odpowiadać**	[ɔtpɔ'vʲadaʧ]
rezar, orar (vi)	**modlić się**	['mɔdliʧ ɕɛ̃]
rir (vi)	**śmiać się**	['ɕmʲaʧ ɕɛ̃]
roubar (vt)	**kraść**	[kraɕʧ]
saber (vt)	**wiedzieć**	['veʤeʧ]
sair (~ de casa)	**wychodzić**	[vɨ'hɔʤiʧ]
salvar (vt)	**ratować**	[ra'tɔvaʧ]
seguir ...	**podążać**	[pɔ'dɔ̃ʒaʧ]
sentar-se (vr)	**siadać**	['ɕadaʧ]
ser necessário	**być potrzebnym**	[bɨʧ pɔt'ʃɛbnɨm]
ser, estar	**być**	[bɨʧ]
significar (vt)	**znaczyć**	['znaʧɨʧ]
sorrir (vi)	**uśmiechać się**	[uɕ'mehaʧ ɕɛ̃]
subestimar (vt)	**nie doceniać**	[nedɔ'ʦɛɲaʧ]
surpreender-se (vr)	**dziwić się**	['ʤiviʧ ɕɛ̃]
tentar (vt)	**próbować**	[pru'bɔvaʧ]
ter (vt)	**mieć**	[meʧ]
ter fome	**chcieć jeść**	[hʧeʧ eɕʧ]
ter medo	**bać się**	[baʧ ɕɛ̃]
ter sede	**chcieć pić**	[hʧeʧ piʧ]
tocar (com as mãos)	**dotykać**	[dɔ'tɨkaʧ]
tomar o pequeno-almoço	**jeść śniadanie**	[eɕʧ ɕɲa'dane]
trabalhar (vi)	**pracować**	[pra'ʦɔvaʧ]
traduzir (vt)	**tłumaczyć**	[twu'maʧɨʧ]
unir (vt)	**łączyć**	['wɔ̃ʧɨʧ]
vender (vt)	**sprzedawać**	[spʃɛ'davaʧ]
ver (vt)	**widzieć**	['viʤeʧ]
virar (ex. ~ à direita)	**skręcać**	['skrɛnʦaʧ]
voar (vi)	**lecieć**	['leʧeʧ]

14. Cores

cor (f)	**kolor** (m)	['kɔlɜr]
matiz (m)	**odcień** (m)	['ɔʧeɲ]
tom (m)	**ton** (m)	[tɔn]
arco-íris (m)	**tęcza** (ż)	['tɛnʧa]
branco	**biały**	['bʲawɨ]

preto	**czarny**	['ʧarnɨ]
cinzento	**szary**	['ʃarɨ]
verde	**zielony**	[ʒe'lɜnɨ]
amarelo	**żółty**	['ʒuwtɨ]
vermelho	**czerwony**	[ʧɛr'vɔnɨ]
azul	**ciemny niebieski**	['ʧɛmnɨ ne'beski]
azul claro	**niebieski**	[ne'beski]
rosa	**różowy**	[ru'ʒɔvɨ]
laranja	**pomarańczowy**	[pɔmaraɲt'ʃɔvɨ]
violeta	**fioletowy**	[fʰɜle'tɔvɨ]
castanho	**brązowy**	[brɔ̃'zɔvɨ]
dourado	**złoty**	['zwɔtɨ]
prateado	**srebrzysty**	[srɛb'ʒɨstɨ]
bege	**beżowy**	[bɛ'ʒɔvɨ]
creme	**kremowy**	[krɛ'mɔvɨ]
turquesa	**turkusowy**	[turku'sɔvɨ]
vermelho cereja	**wiśniowy**	[viɕ'nɜvɨ]
lilás	**liliowy**	[li'ʎjɔvɨ]
carmesim	**malinowy**	[mali'nɔvɨ]
claro	**jasny**	['jasnɨ]
escuro	**ciemny**	['ʧemnɨ]
vivo	**jasny**	['jasnɨ]
de cor	**kolorowy**	[kɔlɜ'rɔvɨ]
a cores	**kolorowy**	[kɔlɜ'rɔvɨ]
preto e branco	**czarno-biały**	['ʧarnɔ 'bʲawɨ]
unicolor	**jednokolorowy**	['ednɔkɔlɜ'rɔvɨ]
multicor	**różnokolorowy**	['ruʒnɔkɔlɜ'rɔvɨ]

15. Questões

Quem?	**Kto?**	[ktɔ]
Que?	**Co?**	[ʦɔ]
Onde?	**Gdzie?**	[gʤe]
Para onde?	**Dokąd?**	['dɔkɔ̃t]
De onde?	**Skąd?**	[skɔ̃t]
Quando?	**Kiedy?**	['kedɨ]
Para quê?	**Dlaczego?**	[dʎat'ʃɛgɔ]
Porquê?	**Czemu?**	['ʧɛmu]
Para quê?	**Do czego?**	[dɔ 'ʧɛgɔ]
Como?	**Jak?**	[jak]
Qual?	**Jaki?**	['jaki]
Qual? (entre dois ou mais)	**Który?**	['kturɨ]
Sobre quem?	**O kim?**	['ɔ kim]
Do quê?	**O czym?**	['ɔ ʧɨm]
Com quem?	**Z kim?**	[s kim]
Quanto, -os, -as?	**Ile?**	['ile]
De quem? (masc.)	**Czyj?**	[ʧɨj]

16. Preposições

com (prep.)	**z**	[z]
sem (prep.)	**bez**	[bɛz]
a, para (exprime lugar)	**do**	[dɔ]
sobre (ex. falar ~)	**o**	[ɔ]
antes de ...	**przed**	[pʃɛt]
diante de ...	**przed**	[pʃɛt]
sob (debaixo de)	**pod**	[pɔt]
sobre (em cima de)	**nad**	[nat]
sobre (~ a mesa)	**na**	[na]
de (vir ~ Lisboa)	**z ..., ze ...**	[z], [zɛ]
de (feito ~ pedra)	**z ..., ze ...**	[z], [zɛ]
dentro de (~ dez minutos)	**za**	[za]
por cima de ...	**przez**	[pʃɛs]

17. Palavras funcionais. Advérbios. Parte 1

Onde?	**Gdzie?**	[gʤe]
aqui	**tu**	[tu]
lá, ali	**tam**	[tam]
em algum lugar	**gdzieś**	[gʤeɕ]
em lugar nenhum	**nigdzie**	['nigʤe]
ao pé de ...	**koło, przy**	['kɔwɔ], [pʃɨ]
ao pé da janela	**przy oknie**	[pʃɨ 'ɔkne]
Para onde?	**Dokąd?**	['dɔkɔ̃t]
para cá	**tutaj**	['tutaj]
para lá	**tam**	[tam]
daqui	**stąd**	[stɔ̃t]
de lá, dali	**stamtąd**	['stamtɔ̃t]
perto	**blisko**	['bliskɔ]
longe	**daleko**	[da'lɛkɔ]
perto de ...	**koło**	['kɔwɔ]
ao lado de	**obok**	['ɔbɔk]
perto, não fica longe	**niedaleko**	[neda'lekɔ]
esquerdo	**lewy**	['levɨ]
à esquerda	**z lewej**	[z 'levɛj]
para esquerda	**w lewo**	[v 'levɔ]
direito	**prawy**	['pravɨ]
à direita	**z prawej**	[s 'pravɛj]
para direita	**w prawo**	[f 'pravɔ]
à frente	**z przodu**	[s 'pʃɔdu]
da frente	**przedni**	['pʃɛdni]

em frente (para a frente)	**naprzód**	['napʃut]
atrás de ...	**z tyłu**	[s 'tɨwu]
por detrás (vir ~)	**od tyłu**	[ɔt 'tɨwu]
para trás	**do tyłu**	[dɔ 'tɨwu]
meio (m), metade (f)	**środek** (m)	['ɕrɔdɛk]
no meio	**w środku**	[f 'ɕrɔdku]
de lado	**z boku**	[z 'bɔku]
em todo lugar	**wszędzie**	['fʃɛ̃dʒe]
ao redor (olhar ~)	**dookoła**	[dɔ:'kɔwa]
de dentro	**z wewnątrz**	[z 'vɛvnɔ̃tʃ]
para algum lugar	**dokądś**	['dɔkɔ̃tɕ]
diretamente	**na wprost**	['na fprɔst]
de volta	**z powrotem**	[s pɔv'rɔtɛm]
de algum lugar	**skądkolwiek**	[skɔ̃t'kɔʎvek]
de um lugar	**skądś**	[skɔ̃tɕ]
em primeiro lugar	**po pierwsze**	[pɔ 'perfʃɛ]
em segundo lugar	**po drugie**	[pɔ 'druge]
em terceiro lugar	**po trzecie**	[pɔ 'tʃɛtʃe]
de repente	**nagle**	['nagle]
no início	**na początku**	[na pɔt'ʃɔ̃tku]
pela primeira vez	**po raz pierwszy**	[pɔ ras 'perfʃɨ]
muito antes de ...	**na długo przed ...**	[na 'dwugɔ pʃɛt]
de novo, novamente	**od nowa**	[ɔd 'nɔva]
para sempre	**na zawsze**	[na 'zafʃɛ]
nunca	**nigdy**	['nigdɨ]
de novo	**znowu**	['znɔvu]
agora	**teraz**	['tɛras]
frequentemente	**często**	['tʃɛnstɔ]
então	**wtedy**	['ftɛdɨ]
urgentemente	**pilnie**	['piʎne]
usualmente	**zwykle**	['zvɨkle]
a propósito, ...	**a propos**	[a prɔ'pɔ]
é possível	**może, możliwe**	['mɔʒɛ], [mɔʒ'livɛ]
provavelmente	**prawdopodobnie**	[pravdɔpɔ'dɔbne]
talvez	**być może**	[bɨtʃ 'mɔʒɛ]
além disso, ...	**poza tym**	[pɔ'za tɨm]
por isso ...	**dlatego**	[dʎa'tɛgɔ]
apesar de ...	**mimo że ...**	['mimɔ ʒɛ]
graças a ...	**dzięki**	['dʒɛ̃ki]
que (pron.)	**co**	[tsɔ]
que (conj.)	**że**	[ʒɛ]
algo	**coś**	[tsɔɕ]
alguma coisa	**cokolwiek**	[tsɔ'kɔʎvek]
nada	**nic**	[nits]
quem	**kto**	[ktɔ]
alguém (~ teve uma ideia ...)	**ktoś**	[ktɔɕ]

alguém	**ktokolwiek**	[ktɔ'kɔʎvek]
ninguém	**nikt**	[nikt]
para lugar nenhum	**nigdzie**	['nigʤe]
de ninguém	**niczyj**	['nitʃɨj]
de alguém	**czyjkolwiek**	[tʃɨj'kɔʎvek]
tão	**tak**	[tak]
também (gostaria ~ de ...)	**także**	['tagʒɛ]
também (~ eu)	**też**	[tɛʃ]

18. Palavras funcionais. Advérbios. Parte 2

Porquê?	**Dlaczego?**	[dʎat'ʃɛgɔ]
por alguma razão	**z jakiegoś powodu**	[z ja'kegɔɕ pɔ'vɔdu]
porque ...	**dlatego, że ...**	[dla'tɛgɔ], [ʒɛ]
por qualquer razão	**po coś**	['pɔ tsɔɕ]
e (tu ~ eu)	**i**	[i]
ou (ser ~ não ser)	**albo**	['aʎbɔ]
mas (porém)	**ale**	['ale]
para (~ a minha mãe)	**dla**	[dʎa]
demasiado, muito	**zbyt**	[zbɨt]
só, somente	**tylko**	['tɨʎkɔ]
exatamente	**dokładnie**	[dɔk'wadne]
cerca de (~ 10 kg)	**około**	[ɔ'kɔwɔ]
aproximadamente	**w przybliżeniu**	[f pʃɨbli'ʒɛny]
aproximado	**przybliżony**	[pʃɨbli'ʒɔnɨ]
quase	**prawie**	[prave]
resto (m)	**reszta** (ż)	['rɛʃta]
cada	**każdy**	['kaʒdɨ]
qualquer	**jakikolwiek**	[jaki'kɔʎvjek]
muito	**dużo**	['duʒɔ]
muitas pessoas	**wiele**	['vele]
todos	**wszystkie**	['fʃɨstke]
em troca de ...	**w zamian za ...**	[v 'zamʲan za]
em troca	**zamiast**	['zamʲast]
à mão	**ręcznie**	['rɛntʃne]
pouco provável	**ledwo, prawie**	['ledvɔ], ['pravje]
provavelmente	**prawdopodobnie**	[pravdɔpɔ'dɔbne]
de propósito	**celowo**	[tsɛ'lɔvɔ]
por acidente	**przypadkiem**	[pʃɨ'patkem]
muito	**bardzo**	['bardzɔ]
por exemplo	**na przykład**	[na 'pʃɨkwat]
entre	**między**	['mendzɨ]
entre (no meio de)	**wśród**	[fɕrut]
tanto	**aż tyle**	[aʒ 'tɨle]
especialmente	**szczególnie**	[ʃtʃɛ'guʎne]

Conceitos básicos. Parte 2

19. Dias da semana

segunda-feira (f)	**poniedziałek** (m)	[pɔne'ʤʲawɛk]
terça-feira (f)	**wtorek** (m)	['ftɔrɛk]
quarta-feira (f)	**środa** (ż)	['ɕrɔda]
quinta-feira (f)	**czwartek** (m)	['ʧfartɛk]
sexta-feira (f)	**piątek** (m)	[pɔ̃tɛk]
sábado (m)	**sobota** (ż)	[sɔ'bɔta]
domingo (m)	**niedziela** (ż)	[ne'ʤeʎa]
hoje	**dzisiaj**	['ʤiɕaj]
amanhã	**jutro**	['jutrɔ]
depois de amanhã	**pojutrze**	[pɔ'juʧɛ]
ontem	**wczoraj**	['fʧɔraj]
anteontem	**przedwczoraj**	[pʃɛtft'ʃɔraj]
dia (m)	**dzień** (m)	[ʤeɲ]
dia (m) de trabalho	**dzień** (m) **roboczy**	[ʤeɲ rɔ'bɔʧɨ]
feriado (m)	**dzień** (m) **świąteczny**	[ʤeɲ ɕfɔ̃'tɛʧnɨ]
dia (m) de folga	**dzień** (m) **wolny**	[ʤeɲ 'vɔʎnɨ]
fim (m) de semana	**weekend** (m)	[u'ikɛnt]
o dia todo	**cały dzień**	['ʦawɨ ʤeɲ]
no dia seguinte	**następnego dnia**	[nastɛ̃p'nɛgɔ dɲa]
há dois dias	**dwa dni temu**	[dva dni 'tɛmu]
na véspera	**w przeddzień**	[f 'pʃɛdʤeɲ]
diário	**codzienny**	[ʦɔ'ʤeŋɨ]
todos os dias	**codziennie**	[ʦɔ'ʤeŋe]
semana (f)	**tydzień** (m)	['tɨʤeɲ]
na semana passada	**w zeszłym tygodniu**	[v 'zɛʃwɨm tɨ'gɔdny]
na próxima semana	**w następnym tygodniu**	[v nas'tɛ̃pnɨm tɨ'gɔdny]
semanal	**tygodniowy**	[tɨgɔd'nɜvɨ]
cada semana	**co tydzień**	[ʦɔ tɨ'ʤɛɲ]
duas vezes por semana	**dwa razy w tygodniu**	[dva 'razɨ v tɨ'gɔdny]
cada terça-feira	**co wtorek**	[ʦɔ 'ftɔrek]

20. Horas. Dia e noite

manhã (f)	**ranek** (m)	['ranɛk]
de manhã	**rano**	['ranɔ]
meio-dia (m)	**południe** (n)	[pɔ'wudne]
à tarde	**po południu**	[pɔ pɔ'wudny]
noite (f)	**wieczór** (m)	['veʧur]
à noite (noitinha)	**wieczorem**	[vet'ʃɔrɛm]

noite (f)	**noc** (ż)	[nɔʦ]
à noite	**w nocy**	[v 'nɔʦɨ]
meia-noite (f)	**północ** (ż)	['puwnɔʦ]
segundo (m)	**sekunda** (ż)	[sɛ'kunda]
minuto (m)	**minuta** (ż)	[mi'nuta]
hora (f)	**godzina** (ż)	[gɔ'ʤina]
meia hora (f)	**pół godziny**	[puw gɔ'ʤinɨ]
quarto (m) de hora	**kwadrans** (m)	['kfadrans]
quinze minutos	**piętnaście minut**	[pɛ̃t'naɕʧe 'minut]
vinte e quatro horas	**doba** (ż)	['dɔba]
nascer (m) do sol	**wschód** (m) **słońca**	[fshut 'swɔɲʦa]
amanhecer (m)	**świt** (m)	[ɕfit]
madrugada (f)	**wczesny ranek** (m)	['fʧɛsnɨ 'ranɛk]
pôr do sol (m)	**zachód** (m)	['zahut]
de madrugada	**wcześnie rano**	['fʧɛɕne 'ranɔ]
hoje de manhã	**dzisiaj rano**	['ʤiɕaj 'ranɔ]
amanhã de manhã	**jutro rano**	['jutrɔ 'ranɔ]
hoje à tarde	**dzisiaj w dzień**	['ʤiɕaj v ʤeɲ]
à tarde	**po południu**	[pɔ pɔ'wudny]
amanhã à tarde	**jutro popołudniu**	[jutrɔ pɔpɔ'wudny]
hoje à noite	**dzisiaj wieczorem**	[ʤiɕaj vet'ʃɔrɛm]
amanhã à noite	**jutro wieczorem**	['jutrɔ vet'ʃɔrɛm]
às três horas em ponto	**równo o trzeciej**	['ruvnɔ ɔ 'ʧɛʧej]
por volta das quatro	**około czwartej**	[ɔ'kɔwɔ 'ʧfartɛj]
às doze	**na dwunastą**	[na dvu'nastɔ̃]
dentro de vinte minutos	**za dwadzieścia minut**	[za dva'ʤeɕʧʲa 'minut]
dentro duma hora	**za godzinę**	[za gɔ'ʤinɛ̃]
a tempo	**na czas**	[na ʧas]
menos um quarto	**za kwadrans**	[za 'kfadrans]
durante uma hora	**w ciągu godziny**	[f ʧɔ̃gu gɔ'ʤinɨ]
a cada quinze minutos	**co piętnaście minut**	[ʦɔ pɛ̃t'naɕʧe 'minut]
as vinte e quatro horas	**całą dobę**	['ʦawɔ̃ 'dɔbɛ̃]

21. Meses. Estações

janeiro (m)	**styczeń** (m)	['stɨʧɛɲ]
fevereiro (m)	**luty** (m)	['lytɨ]
março (m)	**marzec** (m)	['maʒɛʦ]
abril (m)	**kwiecień** (m)	['kfeʧeɲ]
maio (m)	**maj** (m)	[maj]
junho (m)	**czerwiec** (m)	['ʧɛrveʦ]
julho (m)	**lipiec** (m)	['lipeʦ]
agosto (m)	**sierpień** (m)	['ɕerpeɲ]
setembro (m)	**wrzesień** (m)	['vʒɛɕeɲ]
outubro (m)	**październik** (m)	[paʑʲ'ʤernik]

novembro (m)	**listopad** (m)	[lis'tɔpat]
dezembro (m)	**grudzień** (m)	['grudʒeɲ]
primavera (f)	**wiosna** (ż)	['vɜsna]
na primavera	**wiosną**	['vɜsnɔ̃]
primaveril	**wiosenny**	[vɜ'sɛŋɨ]
verão (m)	**lato** (n)	['ʎatɔ]
no verão	**latem**	['ʎatɛm]
de verão	**letni**	['letni]
outono (m)	**jesień** (ż)	['eɕeɲ]
no outono	**jesienią**	[e'ɕenɔ̃]
outonal	**jesienny**	[e'ɕeŋɨ]
inverno (m)	**zima** (ż)	['ʒima]
no inverno	**zimą**	['ʒimɔ̃]
de inverno	**zimowy**	[ʒi'mɔvɨ]
mês (m)	**miesiąc** (m)	['meɕɔ̃ʦ]
este mês	**w tym miesiącu**	[f tɨm me'ɕɔ̃ʦu]
no próximo mês	**w przyszłym miesiącu**	[v 'pʃɨsʃwɨm me'ɕɔ̃ʦu]
no mês passado	**w zeszłym miesiącu**	[v 'zɛʃwɨm me'ɕɔ̃ʦu]
há um mês	**miesiąc temu**	['meɕɔ̃ʦ 'tɛmu]
dentro de um mês	**za miesiąc**	[za 'meɕɔ̃ʦ]
dentro de dois meses	**za dwa miesiące**	[za dva me'ɕɔ̃ʦe]
todo o mês	**przez cały miesiąc**	[pʃɛs 'ʦawɨ 'meɕɔ̃ʦ]
um mês inteiro	**cały miesiąc**	['ʦawɨ 'meɕɔ̃ʦ]
mensal	**comiesięczny**	[ʦɔme'ɕenʧnɨ]
mensalmente	**comiesięcznie**	[ʦɔme'ɕenʧne]
cada mês	**co miesiąc**	[ʦɔ 'meɕɔ̃ʦ]
duas vezes por mês	**dwa razy w miesiącu**	[dva 'razɨ v meɕɔ̃ʦu]
ano (m)	**rok** (m)	[rɔk]
este ano	**w tym roku**	[f tɨm 'rɔku]
no próximo ano	**w przyszłym roku**	[v 'pʃɨsʃwɨm 'rɔku]
no ano passado	**w zeszłym roku**	[v 'zɛʃwɨm 'rɔku]
há um ano	**rok temu**	[rɔk 'tɛmu]
dentro dum ano	**za rok**	[za rɔk]
dentro de 2 anos	**za dwa lata**	[za dva 'ʎata]
todo o ano	**cały rok**	['ʦawɨ rɔk]
um ano inteiro	**cały rok**	['ʦawɨ rɔk]
cada ano	**co roku**	[ʦɔ 'rɔku]
anual	**coroczny**	[ʦɔ'rɔʧnɨ]
anualmente	**corocznie**	[ʦɔ'rɔʧne]
quatro vezes por ano	**cztery razy w roku**	['ʧtɛrɨ 'razɨ v 'rɔku]
data (~ de hoje)	**data** (ż)	['data]
data (ex. ~ de nascimento)	**data** (ż)	['data]
calendário (m)	**kalendarz** (m)	[ka'lendaʃ]
meio ano	**pół roku**	[puw 'rɔku]
seis meses	**półrocze** (n)	[puw'rɔʧɛ]

estação (f)	**sezon** (m)	['sɛzɔn]
século (m)	**wiek** (m)	[vek]

22. Unidades de medida

peso (m)	**ciężar** (m)	['ʧenʒar]
comprimento (m)	**długość** (ż)	['dwugɔɕʧ]
largura (f)	**szerokość** (ż)	[ʃɛ'rɔkɔɕʧ]
altura (f)	**wysokość** (ż)	[vɨ'sɔkɔɕʧ]
profundidade (f)	**głębokość** (ż)	[gwɛ̃'bɔkɔɕʧ]
volume (m)	**objętość** (ż)	[ɔbʰ'entɔɕʧ]
área (f)	**powierzchnia** (ż)	[pɔ'veʃhɲa]
grama (m)	**gram** (m)	[gram]
miligrama (m)	**miligram** (m)	[mi'ligram]
quilograma (m)	**kilogram** (m)	[ki'lɜgram]
tonelada (f)	**tona** (ż)	['tɔna]
libra (453,6 gramas)	**funt** (m)	[funt]
onça (f)	**uncja** (ż)	['unʦʰja]
metro (m)	**metr** (m)	[mɛtr]
milímetro (m)	**milimetr** (m)	[mi'limɛtr]
centímetro (m)	**centymetr** (m)	[ʦɛn'tɨmɛtr]
quilómetro (m)	**kilometr** (m)	[ki'lɜmɛtr]
milha (f)	**mila** (ż)	['miʎa]
polegada (f)	**cal** (m)	[ʦaʎ]
pé (304,74 mm)	**stopa** (ż)	['stɔpa]
jarda (914,383 mm)	**jard** (m)	['jart]
metro (m) quadrado	**metr** (m) **kwadratowy**	[mɛtr kfadra'tɔvɨ]
hectare (m)	**hektar** (m)	['hɛktar]
litro (m)	**litr** (m)	[litr]
grau (m)	**stopień** (m)	['stɔpeɲ]
volt (m)	**wolt** (m)	[vɔʎt]
ampere (m)	**amper** (m)	[am'pɛr]
cavalo-vapor (m)	**koń** (m) **mechaniczny**	[kɔɲ mɛha'niʧnɨ]
quantidade (f)	**ilość** (ż)	['ilɜɕʧ]
um pouco de ...	**niedużo ...**	[ne'duʒɔ]
metade (f)	**połowa** (ż)	[pɔ'wɔva]
dúzia (f)	**tuzin** (m)	['tuʒin]
peça (f)	**sztuka** (ż)	['ʃtuka]
dimensão (f)	**rozmiar** (m)	['rɔzmʲar]
escala (f)	**skala** (ż)	['skaʎa]
mínimo	**minimalny**	[mini'maʎnɨ]
menor, mais pequeno	**najmniejszy**	[najm'nejʃɨ]
médio	**średni**	['ɕrɛdni]
máximo	**maksymalny**	[maksɨ'maʎnɨ]
maior, mais grande	**największy**	[naj'veŋkʃɨ]

23. Recipientes

boião (m) de vidro	**słoik** (m)	['swɔik]
lata (~ de cerveja)	**puszka** (ż)	['puʃka]
balde (m)	**wiadro** (n)	['vʲadrɔ]
barril (m)	**beczka** (ż)	['bɛʧka]
bacia (~ de plástico)	**miednica** (ż)	[med'niʦa]
tanque (m)	**zbiornik** (m)	['zbɜrnik]
cantil (m) de bolso	**piersiówka** (ż)	[per'ɕyvka]
bidão (m) de gasolina	**kanister** (m)	[ka'nistɛr]
cisterna (f)	**cysterna** (ż)	[ʦɨs'tɛrna]
caneca (f)	**kubek** (m)	['kubɛk]
chávena (f)	**filiżanka** (ż)	[fili'ʒaŋka]
pires (m)	**spodek** (m)	['spɔdɛk]
copo (m)	**szklanka** (ż)	['ʃkʎaŋka]
taça (f) de vinho	**kielich** (m)	['kelih]
panela, caçarola (f)	**garnek** (m)	['garnɛk]
garrafa (f)	**butelka** (ż)	[bu'tɛʎka]
gargalo (m)	**szyjka** (ż)	['ʃɨjka]
jarro, garrafa (f)	**karafka** (ż)	[ka'rafka]
jarro (m) de barro	**dzbanek** (m)	['ʤbanɛk]
recipiente (m)	**naczynie** (n)	[nat'ʃɨne]
pote (m)	**garnek** (m)	['garnɛk]
vaso (m)	**wazon** (m)	['vazɔn]
frasco (~ de perfume)	**flakon** (m)	[fʎa'kɔn]
frasquinho (ex. ~ de iodo)	**fiolka** (ż)	[fʰɜʎka]
tubo (~ de pasta dentífrica)	**tubka** (ż)	['tupka]
saca (ex. ~ de açúcar)	**worek** (m)	['vɔrɛk]
saco (~ de plástico)	**torba** (ż)	['tɔrba]
maço (m)	**paczka** (ż)	['paʧka]
caixa (~ de sapatos, etc.)	**pudełko** (n)	[pu'dɛwkɔ]
caixa (~ de madeira)	**skrzynka** (ż)	['skʃɨŋka]
cesta (f)	**koszyk** (m)	['kɔʃɨk]

O SER HUMANO

O ser humano. O corpo

24. Cabeça

cabeça (f)	**głowa** (ż)	['gwɔva]
cara (f)	**twarz** (ż)	[tfaʃ]
nariz (m)	**nos** (m)	[nɔs]
boca (f)	**usta** (l.mn.)	['usta]
olho (m)	**oko** (n)	['ɔkɔ]
olhos (m pl)	**oczy** (l.mn.)	['ɔʧɨ]
pupila (f)	**źrenica** (ż)	[ʑʲre'nitsa]
sobrancelha (f)	**brew** (ż)	[brɛf]
pestana (f)	**rzęsy** (l.mn.)	['ʒɛnsɨ]
pálpebra (f)	**powieka** (ż)	[pɔ'veka]
língua (f)	**język** (m)	['enzɨk]
dente (m)	**ząb** (m)	[zɔ̃mp]
lábios (m pl)	**wargi** (l.mn.)	['vargi]
maçãs (f pl) do rosto	**kości** (l.mn.) **policzkowe**	['kɔɕʧi pɔliʧ'kɔvɛ]
gengiva (f)	**dziąsło** (n)	[ʤɔ̃swɔ]
palato (m)	**podniebienie** (n)	[pɔdne'bene]
narinas (f pl)	**nozdrza** (l.mn.)	['nɔzʤa]
queixo (m)	**podbródek** (m)	[pɔdb'rudek]
mandíbula (f)	**szczęka** (ż)	['ʃʧɛŋka]
bochecha (f)	**policzek** (m)	[pɔ'liʧɛk]
testa (f)	**czoło** (n)	['ʧɔwɔ]
têmpora (f)	**skroń** (ż)	[skrɔɲ]
orelha (f)	**ucho** (n)	['uhɔ]
nuca (f)	**potylica** (ż)	[pɔtɨ'litsa]
pescoço (m)	**szyja** (ż)	['ʃɨja]
garganta (f)	**gardło** (n)	['gardwɔ]
cabelos (m pl)	**włosy** (l.mn.)	['vwɔsɨ]
penteado (m)	**fryzura** (ż)	[frɨ'zura]
corte (m) de cabelo	**uczesanie** (n)	[uʧɛ'sane]
peruca (f)	**peruka** (ż)	[pɛ'ruka]
bigode (m)	**wąsy** (l.mn.)	['vɔ̃sɨ]
barba (f)	**broda** (ż)	['brɔda]
usar, ter (~ barba, etc.)	**nosić**	['nɔɕiʧ]
trança (f)	**warkocz** (m)	['varkɔʧ]
suíças (f pl)	**baczki** (l.mn.)	['baʧki]
ruivo	**rudy**	['rudɨ]
grisalho	**siwy**	['ɕivɨ]

calvo	**łysy**	['wɨsɨ]
calva (f)	**łysina** (ż)	[wɨ'ɕina]
rabo-de-cavalo (m)	**koński ogon** (m)	['kɔɲski 'ɔgɔn]
franja (f)	**grzywka** (ż)	['gʒɨfka]

25. Corpo humano

mão (f)	**dłoń** (ż)	[dwɔɲ]
braço (m)	**ręka** (ż)	['rɛŋka]
dedo (m)	**palec** (m)	['palets]
polegar (m)	**kciuk** (m)	['ktʃuk]
dedo (m) mindinho	**mały palec** (m)	['mawɨ 'palets]
unha (f)	**paznokieć** (m)	[paz'nɔketʃ]
punho (m)	**pięść** (ż)	[pɛ̃ɕtʃ]
palma (f) da mão	**dłoń** (ż)	[dwɔɲ]
pulso (m)	**nadgarstek** (m)	[nad'garstɛk]
antebraço (m)	**przedramię** (n)	[pʃɛd'ramɛ̃]
cotovelo (m)	**łokieć** (n)	['wɔketʃ]
ombro (m)	**ramię** (n)	['ramɛ̃]
perna (f)	**noga** (ż)	['nɔga]
pé (m)	**stopa** (ż)	['stɔpa]
joelho (m)	**kolano** (n)	[kɔ'ʎanɔ]
barriga (f) da perna	**łydka** (ż)	['wɨtka]
anca (f)	**biodro** (n)	['bɜdrɔ]
calcanhar (m)	**pięta** (ż)	['penta]
corpo (m)	**ciało** (n)	['tʃʲawɔ]
barriga (f)	**brzuch** (m)	[bʒuh]
peito (m)	**pierś** (ż)	[perɕ]
seio (m)	**piersi** (l.mn.)	['perɕi]
lado (m)	**bok** (m)	[bɔk]
costas (f pl)	**plecy** (l.mn.)	['pletsɨ]
região (f) lombar	**krzyż** (m)	[kʃɨʃ]
cintura (f)	**talia** (ż)	['taʎja]
umbigo (m)	**pępek** (m)	['pɛ̃pɛk]
nádegas (f pl)	**pośladki** (l.mn.)	[pɔɕ'ʎatki]
traseiro (m)	**tyłek** (m)	['tɨwɛk]
sinal (m)	**pieprzyk** (m)	['pepʃɨk]
sinal (m) de nascença	**znamię** (n)	['znamɛ̃]
tatuagem (f)	**tatuaż** (m)	[ta'tuaʃ]
cicatriz (f)	**blizna** (ż)	['blizna]

Vestuário & Acessórios

26. Roupa exterior. Casacos

roupa (f)	**odzież** (ż)	['ɔdʒeʃ]
roupa (f) exterior	**wierzchnie okrycie** (n)	['veʃhne ɔk'rɨtʃe]
roupa (f) de inverno	**odzież** (ż) **zimowa**	['ɔdʒeʒ ʒi'mɔva]
sobretudo (m)	**palto** (n)	['paʎtɔ]
casaco (m) de peles	**futro** (n)	['futrɔ]
casaco curto (m) de peles	**futro** (n) **krótkie**	['futrɔ 'krɔtkɛ]
casaco (m) acolchoado	**kurtka** (ż) **puchowa**	['kurtka pu'hɔva]
casaco, blusão (m)	**kurtka** (ż)	['kurtka]
impermeável (m)	**płaszcz** (m)	[pwaʃtʃ]
impermeável	**nieprzemakalny**	[nepʃɛma'kaʎnɨ]

27. Vestuário de homem & mulher

camisa (f)	**koszula** (ż)	[kɔ'ʃuʎa]
calças (f pl)	**spodnie** (l.mn.)	['spɔdne]
calças (f pl) de ganga	**dżinsy** (l.mn.)	['dʒinsɨ]
casaco (m) de fato	**marynarka** (ż)	[marɨ'narka]
fato (m)	**garnitur** (m)	[gar'nitur]
vestido (ex. ~ vermelho)	**sukienka** (ż)	[su'keŋka]
saia (f)	**spódnica** (ż)	[spud'nitsa]
blusa (f)	**bluzka** (ż)	['blyska]
casaco (m) de malha	**sweterek** (m)	[sfɛ'tɛrɛk]
casaco, blazer (m)	**żakiet** (m)	['ʒaket]
T-shirt, camiseta (f)	**koszulka** (ż)	[kɔ'ʃuʎka]
calções (Bermudas, etc.)	**spodenki** (l.mn.)	[spɔ'dɛŋki]
fato (m) de treino	**dres** (m)	[drɛs]
roupão (m) de banho	**szlafrok** (m)	['ʃʎafrɔk]
pijama (m)	**pidżama** (ż)	[pi'dʒama]
suéter (m)	**sweter** (m)	['sfɛtɛr]
pulôver (m)	**pulower** (m)	[pu'lɜvɛr]
colete (m)	**kamizelka** (ż)	[kami'zɛʎka]
fraque (m)	**frak** (m)	[frak]
smoking (m)	**smoking** (m)	['smɔkiŋk]
uniforme (m)	**uniform** (m)	[u'nifɔrm]
roupa (f) de trabalho	**ubranie** (n) **robocze**	[ub'rane rɔ'bɔtʃɛ]
fato-macaco (m)	**kombinezon** (m)	[kɔmbi'nɛzɔn]
bata (~ branca, etc.)	**kitel** (m)	['kitɛʎ]

28. Vestuário. Roupa interior

roupa (f) interior	**bielizna** (ż)	[be'lizna]
camisola (f) interior	**podkoszulek** (m)	[pɔtkɔ'ʃulek]
peúgas (f pl)	**skarpety** (l.mn.)	[skar'pɛtɨ]
camisa (f) de noite	**koszula** (ż) **nocna**	[kɔ'ʃuʎa 'nɔtsna]
sutiã (m)	**biustonosz** (m)	[bys'tɔnɔʃ]
meias longas (f pl)	**podkolanówki** (l.mn.)	[pɔdkɔʎa'nufki]
meia-calça (f)	**rajstopy** (l.mn.)	[rajs'tɔpɨ]
meias (f pl)	**pończochy** (l.mn.)	[pɔɲt'ʃɔhɨ]
fato (m) de banho	**kostium** (m) **kąpielowy**	['kɔstʰjum kɔ̃pelɔvɨ]

29. Adereços de cabeça

chapéu (m)	**czapka** (ż)	['tʃapka]
chapéu (m) de feltro	**kapelusz** (m) **fedora**	[ka'pɛlyʃ fɛ'dɔra]
boné (m) de beisebol	**bejsbolówka** (ż)	[bɛjsbɔ'lyfka]
boné (m)	**kaszkiet** (m)	['kaʃket]
boina (f)	**beret** (m)	['bɛrɛt]
capuz (m)	**kaptur** (m)	['kaptur]
panamá (m)	**panama** (ż)	[pa'nama]
lenço (m)	**chustka** (ż)	['hustka]
chapéu (m) de mulher	**kapelusik** (m)	[kapɛ'lyɕik]
capacete (m) de proteção	**kask** (m)	[kask]
bibico (m)	**furażerka** (ż)	[fura'ʒɛrka]
capacete (m)	**hełm** (m)	[hɛwm]
chapéu-coco (m)	**melonik** (m)	[mɛ'lɔnik]
chapéu (m) alto	**cylinder** (m)	[tsɨ'lindɛr]

30. Calçado

calçado (m)	**obuwie** (n)	[ɔ'buve]
botinas (f pl)	**buty** (l.mn.)	['butɨ]
sapatos (de salto alto, etc.)	**pantofle** (l.mn.)	[pan'tɔfle]
botas (f pl)	**kozaki** (l.mn.)	[kɔ'zaki]
pantufas (f pl)	**kapcie** (l.mn.)	['kaptʃe]
ténis (m pl)	**adidasy** (l.mn.)	[adi'dasɨ]
sapatilhas (f pl)	**tenisówki** (l.mn.)	[tɛni'sufki]
sandálias (f pl)	**sandały** (l.mn.)	[san'dawɨ]
sapateiro (m)	**szewc** (m)	[ʃɛfts]
salto (m)	**obcas** (m)	['ɔbtsas]
par (m)	**para** (ż)	['para]
atacador (m)	**sznurowadło** (n)	[ʃnurɔ'vadwɔ]
apertar os atacadores	**sznurować**	[ʃnu'rɔvatʃ]

calçadeira (f)	**łyżka** (ż) **do butów**	['wɨʒka dɔ 'butuf]
graxa (f) para calçado	**pasta** (ż) **do butów**	['pasta dɔ 'butuf]

31. Acessórios pessoais

luvas (f pl)	**rękawiczki** (l.mn.)	[rɛ̃ka'vitʃki]
mitenes (f pl)	**rękawiczki** (l.mn.)	[rɛ̃ka'vitʃki]
cachecol (m)	**szalik** (m)	['ʃalik]
óculos (m pl)	**okulary** (l.mn.)	[ɔku'ʎarɨ]
armação (f) de óculos	**oprawka** (ż)	[ɔp'rafka]
guarda-chuva (m)	**parasol** (m)	[pa'rasɔʎ]
bengala (f)	**laska** (ż)	['ʎaska]
escova (f) para o cabelo	**szczotka** (ż) **do włosów**	['ʃtʃɔtka dɔ 'vwɔsuv]
leque (m)	**wachlarz** (m)	['vahʎaʃ]
gravata (f)	**krawat** (m)	['kravat]
gravata-borboleta (f)	**muszka** (ż)	['muʃka]
suspensórios (m pl)	**szelki** (l.mn.)	['ʃɛʎki]
lenço (m)	**chusteczka** (ż) **do nosa**	[hus'tɛtʃka dɔ 'nɔsa]
pente (m)	**grzebień** (m)	['gʒɛbeɲ]
travessão (m)	**spinka** (ż)	['spiŋka]
gancho (m) de cabelo	**szpilka** (ż)	['ʃpiʎka]
fivela (f)	**sprzączka** (ż)	['spʃɔ̃tʃka]
cinto (m)	**pasek** (m)	['pasɛk]
correia (f)	**pasek** (m)	['pasɛk]
mala (f)	**torba** (ż)	['tɔrba]
mala (f) de senhora	**torebka** (ż)	[tɔ'rɛpka]
mochila (f)	**plecak** (m)	['pletsak]

32. Vestuário. Diversos

moda (f)	**moda** (ż)	['mɔda]
na moda	**modny**	['mɔdnɨ]
estilista (m)	**projektant** (m) **mody**	[prɔ'ektant 'mɔdɨ]
colarinho (m), gola (f)	**kołnierz** (m)	['kɔwneʃ]
bolso (m)	**kieszeń** (ż)	['keʃɛɲ]
de bolso	**kieszonkowy**	[keʃɔ'ŋkɔvɨ]
manga (f)	**rękaw** (m)	['rɛŋkaf]
alcinha (f)	**wieszak** (m)	['veʃak]
braguilha (f)	**rozporek** (m)	[rɔs'pɔrɛk]
fecho (m) de correr	**zamek** (m) **błyskawiczny**	['zamɛk bwɨska'vitʃnɨ]
fecho (m), colchete (m)	**zapięcie** (m)	[za'pɛ̃tʃe]
botão (m)	**guzik** (m)	['guʒik]
casa (f) de botão	**dziurką** (ż) **na guzik**	['dʒyrka na gu'ʒik]
soltar-se (vr)	**urwać się**	['urvatʃ ɕɛ̃]
coser, costurar (vi)	**szyć**	[ʃɨtʃ]

bordar (vt)	**haftować**	[haf'tɔvatʃ]
bordado (m)	**haft** (m)	[haft]
agulha (f)	**igła** (ż)	['igwa]
fio (m)	**nitka** (ż)	['nitka]
costura (f)	**szew** (m)	[ʃɛf]
sujar-se (vr)	**wybrudzić się**	[vɨb'rudʒitʃ ɕɛ̃]
mancha (f)	**plama** (ż)	['pʎama]
engelhar-se (vr)	**zmiąć się**	[zmɔ̃'tʃ ɕɛ̃]
rasgar (vt)	**rozerwać**	[rɔ'zɛrvatʃ]
traça (f)	**mól** (m)	[muʎ]

33. Cuidados pessoais. Cosméticos

pasta (f) de dentes	**pasta** (ż) **do zębów**	['pasta dɔ 'zɛ̃buf]
escova (f) de dentes	**szczoteczka** (ż) **do zębów**	[ʃtʃɔ'tɛtʃka dɔ 'zɛ̃buf]
escovar os dentes	**myć zęby**	[mɨtʃ 'zɛ̃bɨ]
máquina (f) de barbear	**maszynka** (ż) **do golenia**	[ma'ʃɨŋka dɔ gɔ'leɲa]
creme (m) de barbear	**krem** (m) **do golenia**	[krɛm dɔ gɔ'leɲa]
barbear-se (vr)	**golić się**	['gɔlitʃ ɕɛ̃]
sabonete (m)	**mydło** (n)	['mɨdwɔ]
champô (m)	**szampon** (m)	['ʃampɔn]
tesoura (f)	**nożyczki** (l.mn.)	[nɔ'ʒɨtʃki]
lima (f) de unhas	**pilnik** (m) **do paznokci**	['piʎnik dɔ paz'nɔktʃi]
corta-unhas (m)	**cążki** (l.mn.) **do paznokci**	['tsɔ̃ʃki dɔ paz'nɔktʃi]
pinça (f)	**pinceta** (ż)	[pin'tsɛta]
cosméticos (m pl)	**kosmetyki** (l.mn.)	[kɔs'mɛtɨki]
máscara (f) facial	**maseczka** (ż)	[ma'sɛtʃka]
manicura (f)	**manikiur** (m)	[ma'nikyr]
fazer a manicura	**robić manikiur**	['rɔbitʃ ma'nikyr]
pedicure (f)	**pedikiur** (m)	[pɛ'dikyr]
mala (f) de maquilhagem	**kosmetyczka** (ż)	[kɔsmɛ'tɨtʃka]
pó (m)	**puder** (m)	['pudɛr]
caixa (f) de pó	**puderniczka** (ż)	[pudɛr'nitʃka]
blush (m)	**róż** (m)	[ruʃ]
perfume (m)	**perfumy** (l.mn.)	[pɛr'fumɨ]
água (f) de toilette	**woda** (ż) **toaletowa**	['vɔda tɔale'tɔva]
loção (f)	**płyn** (m) **kosmetyczny**	[pwɨn kɔsmɛ'tɨtʃnɨ]
água-de-colónia (f)	**woda** (ż) **kolońska**	['vɔda kɔ'lɔɲska]
sombra (f) de olhos	**cienie** (l.mn.) **do powiek**	['tʃene dɔ 'pɔvek]
lápis (m) delineador	**kredka** (ż) **do oczu**	['krɛtka dɔ 'ɔtʃu]
máscara (f), rímel (m)	**tusz** (m) **do rzęs**	[tuʃ dɔ ʒɛ̃s]
batom (m)	**szminka** (ż)	['ʃmiŋka]
verniz (m) de unhas	**lakier** (m) **do paznokci**	['ʎaker dɔ paz'nɔktʃi]
laca (f) para cabelos	**lakier** (m) **do włosów**	['ʎaker dɔ 'vwɔsuv]
desodorizante (m)	**dezodorant** (m)	[dɛzɔ'dɔrant]

creme (m)	**krem** (m)	[krɛm]
creme (m) de rosto	**krem** (m) **do twarzy**	[krɛm dɔ 'tfaʒɨ]
creme (m) de mãos	**krem** (m) **do rąk**	[krɛm dɔ rɔ̃k]
de dia	**na dzień**	['na dʒeɲ]
da noite	**nocny**	['nɔʦnɨ]
tampão (m)	**tampon** (m)	['tampɔn]
papel (m) higiénico	**papier** (m) **toaletowy**	['paper tɔale'tɔvɨ]
secador (m) elétrico	**suszarka** (ż) **do włosów**	[su'ʃarka dɔ 'vwɔsuv]

34. Relógios de pulso. Relógios

relógio (m) de pulso	**zegarek** (m)	[zɛ'garɛk]
mostrador (m)	**tarcza** (ż) **zegarowa**	['tartʃa zɛga'rɔva]
ponteiro (m)	**wskazówka** (ż)	[fska'zɔfka]
bracelete (f) em aço	**bransoleta** (ż)	[bransɔ'leta]
bracelete (f) em couro	**pasek** (m)	['pasɛk]
pilha (f)	**bateria** (ż)	[ba'tɛrʰja]
descarregar-se	**wyczerpać się**	[vɨt'ʃɛrpatʃ ɕɛ̃]
trocar a pilha	**wymienić baterię**	[vɨ'menitʃ ba'tɛrʰɛ̃]
estar adiantado	**śpieszyć się**	['ɕpeʃɨtʃ ɕɛ̃]
estar atrasado	**spóźnić się**	['spuʑʲnitʃ ɕɛ̃]
relógio (m) de parede	**zegar** (m) **ścienny**	['zɛgar 'ɕtʃeŋɨ]
ampulheta (f)	**klepsydra** (ż)	[klɛp'sɨdra]
relógio (m) de sol	**zegar** (m) **słoneczny**	['zɛgar swɔ'nɛtʃnɨ]
despertador (m)	**budzik** (m)	['budʒik]
relojoeiro (m)	**zegarmistrz** (m)	[zɛ'garmistʃ]
reparar (vt)	**naprawiać**	[nap'ravʲatʃ]

Alimentação. Nutrição

35. Comida

carne (f)	**mięso** (n)	['mensɔ]
galinha (f)	**kurczak** (m)	['kurtʃak]
frango (m)	**kurczak** (m)	['kurtʃak]
pato (m)	**kaczka** (ż)	['katʃka]
ganso (m)	**gęś** (ż)	[gɛ̃ɕ]
caça (f)	**dziczyzna** (ż)	[dʒit'ʃizna]
peru (m)	**indyk** (m)	['indɨk]
carne (f) de porco	**wieprzowina** (ż)	[vepʃɔ'vina]
carne (f) de vitela	**cielęcina** (ż)	[tʃelɛ̃'tʃina]
carne (f) de carneiro	**baranina** (ż)	[bara'nina]
carne (f) de vaca	**wołowina** (ż)	[vɔwɔ'vina]
carne (f) de coelho	**królik** (m)	['krulik]
chouriço, salsichão (m)	**kiełbasa** (ż)	[kew'basa]
salsicha (f)	**parówka** (ż)	[pa'rufka]
bacon (m)	**boczek** (m)	['bɔtʃɛk]
fiambre (f)	**szynka** (ż)	['ʃɨŋka]
presunto (m)	**szynka** (ż)	['ʃɨŋka]
patê (m)	**pasztet** (m)	['paʃtɛt]
fígado (m)	**wątróbka** (ż)	[vɔ̃t'rupka]
carne (f) moída	**farsz** (m)	[farʃ]
língua (f)	**ozór** (m)	['ɔzur]
ovo (m)	**jajko** (n)	['jajkɔ]
ovos (m pl)	**jajka** (l.mn.)	['jajka]
clara (f) do ovo	**białko** (n)	['bʲawkɔ]
gema (f) do ovo	**żółtko** (n)	['ʒuwtkɔ]
peixe (m)	**ryba** (ż)	['rɨba]
mariscos (m pl)	**owoce** (l.mn.) **morza**	[ɔ'vɔtsɛ 'mɔʒa]
caviar (m)	**kawior** (m)	['kavɜr]
caranguejo (m)	**krab** (m)	[krap]
camarão (m)	**krewetka** (ż)	[krɛ'vɛtka]
ostra (f)	**ostryga** (ż)	[ɔst'rɨga]
lagosta (f)	**langusta** (ż)	[ʎa'ŋusta]
polvo (m)	**ośmiornica** (ż)	[ɔɕmɜr'nitsa]
lula (f)	**kałamarnica** (ż)	[kawamar'nitsa]
esturjão (m)	**mięso** (n) **jesiotra**	['mensɔ e'ɕɜtra]
salmão (m)	**łosoś** (m)	['wɔsɔɕ]
halibute (m)	**halibut** (m)	[ha'libut]
bacalhau (m)	**dorsz** (m)	[dɔrʃ]
cavala, sarda (f)	**makrela** (ż)	[mak'rɛla]

atum (m)	**tuńczyk** (m)	['tuɲtʃɨk]
enguia (f)	**węgorz** (m)	['vɛŋɔʃ]
truta (f)	**pstrąg** (m)	[pstrɔ̃k]
sardinha (f)	**sardynka** (ż)	[sar'dɨŋka]
lúcio (m)	**szczupak** (m)	['ʃtʃupak]
arenque (m)	**śledź** (m)	[ɕletʃ]
pão (m)	**chleb** (m)	[hlep]
queijo (m)	**ser** (m)	[sɛr]
açúcar (m)	**cukier** (m)	['tsuker]
sal (m)	**sól** (ż)	[suʎ]
arroz (m)	**ryż** (m)	[rɨʃ]
massas (f pl)	**makaron** (m)	[ma'karɔn]
talharim (m)	**makaron** (m)	[ma'karɔn]
manteiga (f)	**masło** (n) **śmietankowe**	['maswɔ ɕmeta'ŋkɔvɛ]
óleo (m) vegetal	**olej** (m) **roślinny**	['ɔlej rɔɕliŋɨ]
óleo (m) de girassol	**olej** (m) **słonecznikowy**	['ɔlej swɔnɛtʃnikɔvɨ]
margarina (f)	**margaryna** (ż)	[marga'rɨna]
azeitonas (f pl)	**oliwki** (ż, l.mn.)	[ɔ'lifki]
azeite (m)	**olej** (m) **oliwkowy**	['ɔlej ɔlif'kɔvɨ]
leite (m)	**mleko** (n)	['mlekɔ]
leite (m) condensado	**mleko** (n) **skondensowane**	['mlekɔ skɔndɛnsɔ'vanɛ]
iogurte (m)	**jogurt** (m)	[ʒgurt]
nata (f) azeda	**śmietana** (ż)	[ɕme'tana]
nata (f) do leite	**śmietanka** (ż)	[ɕme'taŋka]
maionese (f)	**majonez** (m)	[maʒnɛs]
creme (m)	**krem** (m)	[krɛm]
grãos (m pl) de cereais	**kasza** (ż)	['kaʃa]
farinha (f)	**mąka** (ż)	['mɔ̃ka]
enlatados (m pl)	**konserwy** (l.mn.)	[kɔn'sɛrvɨ]
flocos (m pl) de milho	**płatki** (l.mn.) **kukurydziane**	['pwatki kukurɨ'dʒʲanɛ]
mel (m)	**miód** (m)	[myt]
doce (m)	**dżem** (m)	[dʒɛm]
pastilha (f) elástica	**guma** (ż) **do żucia**	['guma dɔ 'ʒutʃʲa]

36. Bebidas

água (f)	**woda** (ż)	['vɔda]
água (f) potável	**woda** (ż) **pitna**	['vɔda 'pitna]
água (f) mineral	**woda** (ż) **mineralna**	['vɔda minɛ'raʎna]
sem gás	**niegazowana**	[nega'zɔvana]
gaseificada	**gazowana**	[ga'zɔvana]
com gás	**gazowana**	[ga'zɔvana]
gelo (m)	**lód** (m)	[lyt]
com gelo	**z lodem**	[z 'lɔdɛm]

sem álcool	**bezalkoholowy**	[bɛzaʎkɔhɔ'lɜvɨ]
bebida (f) sem álcool	**napój** (m) **bezalkoholowy**	['napuj bɛzalkɔhɔ'lɜvɨ]
refresco (m)	**napój** (m) **orzeźwiający**	['napuj ɔʒɛʑʲvjaɔ̃tsɨ]
limonada (f)	**lemoniada** (ż)	[lemɔ'ɲjada]
bebidas (f pl) alcoólicas	**napoje** (l.mn.) **alkoholowe**	[na'pɔe aʎkɔhɔ'lɜvɛ]
vinho (m)	**wino** (n)	['vinɔ]
vinho (m) branco	**białe wino** (n)	['bʲawɛ 'vinɔ]
vinho (m) tinto	**czerwone wino** (n)	[ʧɛr'vɔnɛ 'vinɔ]
licor (m)	**likier** (m)	['liker]
champanhe (m)	**szampan** (m)	['ʃampan]
vermute (m)	**wermut** (m)	['vɛrmut]
uísque (m)	**whisky** (ż)	[u'iski]
vodka (f)	**wódka** (ż)	['vutka]
gim (m)	**dżin** (m), **gin** (m)	[ʤin]
conhaque (m)	**koniak** (m)	['kɔɲjak]
rum (m)	**rum** (m)	[rum]
café (m)	**kawa** (ż)	['kava]
café (m) puro	**czarna kawa** (ż)	['ʧarna 'kava]
café (m) com leite	**kawa** (ż) **z mlekiem**	['kava z 'mlekem]
cappuccino (m)	**cappuccino** (n)	[kapu'ʧinɔ]
café (m) solúvel	**kawa** (ż) **rozpuszczalna**	['kava rɔspuʃt'ʃaʎna]
leite (m)	**mleko** (n)	['mlekɔ]
coquetel (m)	**koktajl** (m)	['kɔktajʎ]
batido (m) de leite	**koktajl** (m) **mleczny**	['kɔktajʎ 'mleʧnɨ]
sumo (m)	**sok** (m)	[sɔk]
sumo (m) de tomate	**sok** (m) **pomidorowy**	[sɔk pɔmidɔ'rɔvɨ]
sumo (m) de laranja	**sok** (m) **pomarańczowy**	[sɔk pɔmaraɲt'ʃɔvɨ]
sumo (m) fresco	**sok** (m) **ze świeżych owoców**	[sɔk zɛ 'ɕfeʒɨh ɔ'vɔtsuf]
cerveja (f)	**piwo** (n)	['pivɔ]
cerveja (f) clara	**piwo** (n) **jasne**	[pivɔ 'jasnɛ]
cerveja (f) preta	**piwo** (n) **ciemne**	[pivɔ 'ʧemnɛ]
chá (m)	**herbata** (ż)	[hɛr'bata]
chá (m) preto	**czarna herbata** (ż)	['ʧarna hɛr'bata]
chá (m) verde	**zielona herbata** (ż)	[ʒe'lɜna hɛr'bata]

37. Vegetais

legumes (m pl)	**warzywa** (l.mn.)	[va'ʒɨva]
verduras (f pl)	**włoszczyzna** (ż)	[vwɔʃt'ʃɨzna]
tomate (m)	**pomidor** (m)	[pɔ'midɔr]
pepino (m)	**ogórek** (m)	[ɔ'gurɛk]
cenoura (f)	**marchew** (ż)	['marhɛf]
batata (f)	**ziemniak** (m)	[ʒem'ɲak]
cebola (f)	**cebula** (ż)	[tsɛ'buʎa]

alho (m)	**czosnek** (m)	['ʧɔsnɛk]
couve (f)	**kapusta** (ż)	[ka'pusta]
couve-flor (f)	**kalafior** (m)	[ka'ʎafɜr]
couve-de-bruxelas (f)	**brukselka** (ż)	[bruk'sɛʎka]
brócolos (m pl)	**brokuły** (l.mn.)	[brɔ'kuwɨ]
beterraba (f)	**burak** (m)	['burak]
beringela (f)	**bakłażan** (m)	[bak'waʒan]
curgete (f)	**kabaczek** (m)	[ka'baʧɛk]
abóbora (f)	**dynia** (ż)	['dɨɲa]
nabo (m)	**rzepa** (ż)	['ʒɛpa]
salsa (f)	**pietruszka** (ż)	[pet'ruʃka]
funcho, endro (m)	**koperek** (m)	[kɔ'pɛrɛk]
alface (f)	**sałata** (ż)	[sa'wata]
aipo (m)	**seler** (m)	['sɛler]
espargo (m)	**szparagi** (l.mn.)	[ʃpa'ragi]
espinafre (m)	**szpinak** (m)	['ʃpinak]
ervilha (f)	**groch** (m)	[grɔh]
fava (f)	**bób** (m)	[bup]
milho (m)	**kukurydza** (ż)	[kuku'rɨʣa]
feijão (m)	**fasola** (ż)	[fa'sɔʎa]
pimentão (m)	**słodka papryka** (ż)	['swɔdka pap'rɨka]
rabanete (m)	**rzodkiewka** (ż)	[ʒɔt'kefka]
alcachofra (f)	**karczoch** (m)	['karʧɔh]

38. Frutos. Nozes

fruta (f)	**owoc** (m)	['ɔvɔʦ]
maçã (f)	**jabłko** (n)	['jabkɔ]
pera (f)	**gruszka** (ż)	['gruʃka]
limão (m)	**cytryna** (ż)	[ʦɨt'rɨna]
laranja (f)	**pomarańcza** (ż)	[pɔma'raɲʧa]
morango (m)	**truskawka** (ż)	[trus'kafka]
tangerina (f)	**mandarynka** (ż)	[manda'rɨŋka]
ameixa (f)	**śliwka** (ż)	['ɕlifka]
pêssego (m)	**brzoskwinia** (ż)	[bʒɔsk'fiɲa]
damasco (m)	**morela** (ż)	[mɔ'rɛʎa]
framboesa (f)	**malina** (ż)	[ma'lina]
ananás (m)	**ananas** (m)	[a'nanas]
banana (f)	**banan** (m)	['banan]
melancia (f)	**arbuz** (m)	['arbus]
uva (f)	**winogrona** (l.mn.)	[vinɔg'rɔna]
ginja (f)	**wiśnia** (ż)	['viɕɲa]
cereja (f)	**czereśnia** (ż)	[ʧɛ'rɛɕɲa]
meloa (f)	**melon** (m)	['mɛlɜn]
toranja (f)	**grejpfrut** (m)	['grɛjpfrut]
abacate (m)	**awokado** (n)	[avɔ'kadɔ]
papaia (f)	**papaja** (ż)	[pa'paja]

manga (f)	**mango** (n)	['maŋɔ]
romã (f)	**granat** (m)	['granat]
groselha (f) vermelha	**czerwona porzeczka** (ż)	[ʧɛr'vɔna pɔ'ʒɛʧka]
groselha (f) preta	**czarna porzeczka** (ż)	['ʧarna pɔ'ʒɛʧka]
groselha (f) espinhosa	**agrest** (m)	['agrɛst]
mirtilo (m)	**borówka** (ż) **czarna**	[bɔ'rɔfka 'ʧarna]
amora silvestre (f)	**jeżyna** (ż)	[e'ʒɨna]
uvas (f pl) passas	**rodzynek** (m)	[rɔ'ʣɨnɛk]
figo (m)	**figa** (ż)	['figa]
tâmara (f)	**daktyl** (m)	['daktɨl]
amendoim (m)	**orzeszek** (l.mn.) **ziemny**	[ɔ'ʒɛʃɛk 'ʒemnɛ]
amêndoa (f)	**migdał** (m)	['migdaw]
noz (f)	**orzech** (m) **włoski**	['ɔʒɛh 'vwɔski]
avelã (f)	**orzech** (m) **laskowy**	['ɔʒɛh ʎas'kɔvɨ]
coco (m)	**orzech** (m) **kokosowy**	['ɔʒɛh kɔkɔ'sɔvɨ]
pistáchios (m pl)	**fistaszki** (l.mn.)	[fis'taʃki]

39. Pão. Bolaria

pastelaria (f)	**wyroby** (l.mn.) **cukiernicze**	[vɨ'rɔbɨ ʦuker'niʧɛ]
pão (m)	**chleb** (m)	[hlep]
bolacha (f)	**herbatniki** (l.mn.)	[hɛrbat'niki]
chocolate (m)	**czekolada** (ż)	[ʧɛkɔ'ʎada]
de chocolate	**czekoladowy**	[ʧɛkɔʎa'dɔvɨ]
rebuçado (m)	**cukierek** (m)	[ʦu'kerɛk]
bolo (cupcake, etc.)	**ciastko** (n)	['ʧastkɔ]
bolo (m) de aniversário	**tort** (m)	[tɔrt]
tarte (~ de maçã)	**ciasto** (n)	['ʧastɔ]
recheio (m)	**nadzienie** (n)	[na'ʤene]
doce (m)	**konfitura** (ż)	[kɔnfi'tura]
geleia (f) de frutas	**marmolada** (ż)	[marmɔ'ʎada]
waffle (m)	**wafle** (l.mn.)	['vafle]
gelado (m)	**lody** (l.mn.)	['lɜdɨ]

40. Pratos cozinhados

prato (m)	**danie** (n)	['dane]
cozinha (~ portuguesa)	**kuchnia** (ż)	['kuhɲa]
receita (f)	**przepis** (m)	['pʃɛpis]
porção (f)	**porcja** (ż)	['pɔrʦʰja]
salada (f)	**sałatka** (ż)	[sa'watka]
sopa (f)	**zupa** (ż)	['zupa]
caldo (m)	**rosół** (m)	['rɔsuw]
sandes (f)	**kanapka** (ż)	[ka'napka]

ovos (m pl) estrelados	**jajecznica** (ż)	[jaetʃ'nitsa]
hambúrguer (m)	**hamburger** (m)	[ham'burgɛr]
bife (m)	**befsztyk** (m)	['bɛfʃtɨk]
conduto (m)	**dodatki** (l.mn.)	[dɔ'datki]
espaguete (m)	**spaghetti** (n)	[spa'gɛtti]
pizza (f)	**pizza** (ż)	['pitsa]
papa (f)	**kasza** (ż)	['kaʃa]
omelete (f)	**omlet** (m)	['ɔmlɛt]
cozido em água	**gotowany**	[gɔtɔ'vanɨ]
fumado	**wędzony**	[vɛ̃'dzɔnɨ]
frito	**smażony**	[sma'ʒɔnɨ]
seco	**suszony**	[su'ʃɔnɨ]
congelado	**mrożony**	[mrɔ'ʒɔnɨ]
em conserva	**marynowany**	[marɨnɔ'vanɨ]
doce (açucarado)	**słodki**	['swɔtki]
salgado	**słony**	['swɔnɨ]
frio	**zimny**	['ʒimnɨ]
quente	**gorący**	[gɔ'rɔ̃tsɨ]
amargo	**gorzki**	['gɔʃki]
gostoso	**smaczny**	['smatʃnɨ]
cozinhar (em água a ferver)	**gotować**	[gɔ'tɔvatʃ]
fazer, preparar (vt)	**gotować**	[gɔ'tɔvatʃ]
fritar (vt)	**smażyć**	['smaʒɨtʃ]
aquecer (vt)	**odgrzewać**	[ɔdg'ʒɛvatʃ]
salgar (vt)	**solić**	['sɔlitʃ]
apimentar (vt)	**pieprzyć**	['pepʃitʃ]
ralar (vt)	**trzeć**	[tʃɛtʃ]
casca (f)	**skórka** (ż)	['skurka]
descascar (vt)	**obierać**	[ɔ'beratʃ]

41. Especiarias

sal (m)	**sól** (ż)	[suʎ]
salgado	**słony**	['swɔnɨ]
salgar (vt)	**solić**	['sɔlitʃ]
pimenta (f) preta	**pieprz** (m) **czarny**	[pepʃ 'tʃarnɨ]
pimenta (f) vermelha	**papryka** (ż)	[pap'rɨka]
mostarda (f)	**musztarda** (ż)	[muʃ'tarda]
raiz-forte (f)	**chrzan** (m)	[hʃan]
condimento (m)	**przyprawa** (ż)	[pʃɨp'rava]
especiaria (f)	**przyprawa** (ż)	[pʃɨp'rava]
molho (m)	**sos** (m)	[sɔs]
vinagre (m)	**ocet** (m)	['ɔtset]
anis (m)	**anyż** (m)	['anɨʃ]
manjericão (m)	**bazylia** (ż)	[ba'zɨʎja]
cravo (m)	**goździki** (l.mn.)	['gɔʑʲdʒiki]

gengibre (m)	**imbir** (m)	['imbir]
coentro (m)	**kolendra** (ż)	[kɔ'lendra]
canela (f)	**cynamon** (m)	[ʦɨ'namɔn]
sésamo (m)	**sezam** (m)	['sɛzam]
folhas (f pl) de louro	**liść** (m) **laurowy**	[liɕʧ ʎau'rɔvɨ]
páprica (f)	**papryka** (ż)	[pap'rɨka]
cominho (m)	**kminek** (m)	['kminɛk]
açafrão (m)	**szafran** (m)	['ʃafran]

42. Refeições

comida (f)	**jedzenie** (n)	[e'ʣɛne]
comer (vt)	**jeść**	[eɕʧ]
pequeno-almoço (m)	**śniadanie** (n)	[ɕɲa'dane]
tomar o pequeno-almoço	**jeść śniadanie**	[eɕʧ ɕɲa'dane]
almoço (m)	**obiad** (m)	['ɔbʲat]
almoçar (vi)	**jeść obiad**	[eɕʧ 'ɔbʲat]
jantar (m)	**kolacja** (ż)	[kɔ'ʎaʦʰja]
jantar (vi)	**jeść kolację**	[eɕʧ kɔ'ʎaʦʰɛ̃]
apetite (m)	**apetyt** (m)	[a'pɛtɨt]
Bom apetite!	**Smacznego!**	[smaʧ'nɛgɔ]
abrir (~ uma lata, etc.)	**otwierać**	[ɔt'feraʧ]
derramar (vt)	**rozlać**	['rɔzʎaʧ]
derramar-se (vr)	**rozlać się**	['rɔzʎaʧ ɕɛ̃]
ferver (vi)	**gotować się**	[gɔ'tɔvaʧ ɕɛ̃]
ferver (vt)	**gotować**	[gɔ'tɔvaʧ]
fervido	**gotowany**	[gɔtɔ'vanɨ]
arrefecer (vt)	**ostudzić**	[ɔs'tuʤiʧ]
arrefecer-se (vr)	**stygnąć**	['stɨgnɔ̃ʧ]
sabor, gosto (m)	**smak** (m)	[smak]
gostinho (m)	**posmak** (m)	['pɔsmak]
fazer dieta	**odchudzać się**	[ɔd'huʣaʧ ɕɛ̃]
dieta (f)	**dieta** (ż)	['dʰeta]
vitamina (f)	**witamina** (ż)	[vita'mina]
caloria (f)	**kaloria** (ż)	[ka'lɜrja]
vegetariano (m)	**wegetarianin** (m)	[vɛgɛtarʰ'janin]
vegetariano	**wegetariański**	[vɛgɛtarʰ'jaɲski]
gorduras (f pl)	**tłuszcze** (l.mn.)	['twuʃʧɛ]
proteínas (f pl)	**białka** (l.mn.)	['bʲawka]
carboidratos (m pl)	**węglowodany** (l.mn.)	[vɛnɛ̃ʒvɔ'danɨ]
fatia (~ de limão, etc.)	**plasterek** (m)	[pʎas'tɛrɛk]
pedaço (~ de bolo)	**kawałek** (m)	[ka'vawɛk]
migalha (f)	**okruchek** (m)	[ɔk'ruhɛk]

43. Por a mesa

colher (f)	**łyżka** (ż)	['wɨʃka]
faca (f)	**nóż** (m)	[nuʃ]
garfo (m)	**widelec** (m)	[vi'dɛlɛts]
chávena (f)	**filiżanka** (ż)	[fili'ʒaŋka]
prato (m)	**talerz** (m)	['taleʃ]
pires (m)	**spodek** (m)	['spɔdɛk]
guardanapo (m)	**serwetka** (ż)	[sɛr'vɛtka]
palito (m)	**wykałaczka** (ż)	[vɨka'watʃka]

44. Restaurante

restaurante (m)	**restauracja** (ż)	[rɛstau'ratsʰja]
café (m)	**kawiarnia** (ż)	[ka'vʲarɲa]
bar (m), cervejaria (f)	**bar** (m)	[bar]
salão (m) de chá	**herbaciarnia** (ż)	[hɛrba'tʃʲarɲa]
empregado (m) de mesa	**kelner** (m)	['kɛʎnɛr]
empregada (f) de mesa	**kelnerka** (ż)	[kɛʎ'nɛrka]
barman (m)	**barman** (m)	['barman]
ementa (f)	**menu** (n)	['menu]
lista (f) de vinhos	**karta** (ż) **win**	['karta vin]
reservar uma mesa	**zarezerwować stolik**	[zarɛzɛrvɔvatʃ 'stɔlik]
prato (m)	**danie** (n)	['dane]
pedir (vt)	**zamówić**	[za'muvitʃ]
fazer o pedido	**zamówić**	[za'muvitʃ]
aperitivo (m)	**aperitif** (m)	[apɛri'tif]
entrada (f)	**przystawka** (ż)	[pʃis'tafka]
sobremesa (f)	**deser** (m)	['dɛsɛr]
conta (f)	**rachunek** (m)	[ra'hunɛk]
pagar a conta	**zapłacić rachunek**	[zap'watʃitʃ ra'hunɛk]
dar o troco	**wydać resztę**	['vɨdatʃ 'rɛʃtɛ̃]
gorjeta (f)	**napiwek** (m)	[na'pivɛk]

Família, parentes e amigos

45. Informação pessoal. Formulários

nome (m)	**imię** (n)	['imɛ̃]
apelido (m)	**nazwisko** (n)	[naz'viskɔ]
data (f) de nascimento	**data** (ż) **urodzenia**	['data urɔ'dʣɛɲa]
local (m) de nascimento	**miejsce** (n) **urodzenia**	['mejstsɛ urɔ'dʣɛɲa]
nacionalidade (f)	**narodowość** (ż)	[narɔ'dɔvɔɕʧ]
lugar (m) de residência	**miejsce** (n) **zamieszkania**	['mejstse zameʃ'kaɲa]
país (m)	**kraj** (m)	[kraj]
profissão (f)	**zawód** (m)	['zavut]
sexo (m)	**płeć** (ż)	['pwɛʧ]
estatura (f)	**wzrost** (m)	[vzrɔst]
peso (m)	**waga** (ż)	['vaga]

46. Membros da família. Parentes

mãe (f)	**matka** (ż)	['matka]
pai (m)	**ojciec** (m)	['ɔjʧets]
filho (m)	**syn** (m)	[sɨn]
filha (f)	**córka** (ż)	['tsurka]
filha (f) mais nova	**młodsza córka** (ż)	['mwɔtʃa 'tsurka]
filho (m) mais novo	**młodszy syn** (m)	['mwɔtʃɨ sɨn]
filha (f) mais velha	**starsza córka** (ż)	['starʃa 'tsurka]
filho (m) mais velho	**starszy syn** (m)	['starʃɨ sɨn]
irmão (m)	**brat** (m)	[brat]
irmã (f)	**siostra** (ż)	['ɕɜstra]
primo (m)	**kuzyn** (m)	['kuzɨn]
prima (f)	**kuzynka** (ż)	[ku'zɨŋka]
mamã (f)	**mama** (ż)	['mama]
papá (m)	**tata** (m)	['tata]
pais (pl)	**rodzice** (l.mn.)	[rɔ'ʤitsɛ]
criança (f)	**dziecko** (n)	['ʤetskɔ]
crianças (f pl)	**dzieci** (l.mn.)	['ʤeʧi]
avó (f)	**babcia** (ż)	['babʧʲa]
avô (m)	**dziadek** (m)	['ʤʲadɛk]
neto (m)	**wnuk** (m)	[vnuk]
neta (f)	**wnuczka** (ż)	['vnuʧka]
netos (pl)	**wnuki** (l.mn.)	['vnuki]
tio (m)	**wujek** (m)	['vuek]
tia (f)	**ciocia** (ż)	['ʧɔʧʲa]

sobrinho (m)	**bratanek** (m), **siostrzeniec** (m)	[bra'tanɛk], [sɜst'ʃɛnets]
sobrinha (f)	**bratanica** (ż), **siostrzenica** (ż)	[brata'nitsa], [sɜst'ʃɛnitsa]
sogra (f)	**teściowa** (ż)	[tɛɕ'tʃɔva]
sogro (m)	**teść** (m)	[tɛɕtʃ]
genro (m)	**zięć** (m)	[ʒɛ̃tʃ]
madrasta (f)	**macocha** (ż)	[ma'tsɔha]
padrasto (m)	**ojczym** (m)	['ɔjtʃɨm]
criança (f) de colo	**niemowlę** (n)	[ne'mɔvlɛ̃]
bebé (m)	**niemowlę** (n)	[ne'mɔvlɛ̃]
menino (m)	**maluch** (m)	['malyh]
mulher (f)	**żona** (ż)	['ʒɔna]
marido (m)	**mąż** (m)	[mɔ̃ʃ]
esposo (m)	**małżonek** (m)	[maw'ʒɔnɛk]
esposa (f)	**małżonka** (ż)	[maw'ʒɔŋka]
casado	**żonaty**	[ʒɔ'natɨ]
casada	**zamężna**	[za'mɛnʒna]
solteiro	**nieżonaty**	[neʒɔ'natɨ]
solteirão (m)	**kawaler** (m)	[ka'valer]
divorciado	**rozwiedziony**	[rɔzve'dʒɜnɨ]
viúva (f)	**wdowa** (ż)	['vdɔva]
viúvo (m)	**wdowiec** (m)	['vdɔvets]
parente (m)	**krewny** (m)	['krɛvnɨ]
parente (m) próximo	**bliski krewny** (m)	['bliski 'krɛvnɨ]
parente (m) distante	**daleki krewny** (m)	[da'leki 'krɛvnɨ]
parentes (m pl)	**rodzina** (ż)	[rɔ'dʒina]
órfão (m), órfã (f)	**sierota** (ż)	[ɕe'rɔta]
tutor (m)	**opiekun** (m)	[ɔ'pekun]
adotar (um filho)	**zaadoptować**	[za:dɔp'tɔvatʃ]
adotar (uma filha)	**zaadoptować**	[za:dɔp'tɔvatʃ]

Medicina

47. Doenças

doença (f)	**choroba** (ż)	[hɔ'rɔba]
estar doente	**chorować**	[hɔ'rɔvatʃ]
saúde (f)	**zdrowie** (n)	['zdrɔve]
nariz (m) a escorrer	**katar** (m)	['katar]
amigdalite (f)	**angina** (ż)	[aŋina]
constipação (f)	**przeziębienie** (n)	[pʃɛʒɛ̃'bene]
constipar-se (vr)	**przeziębić się**	[pʃɛ'ʒembitʃ ɕɛ̃]
bronquite (f)	**zapalenie** (n) **oskrzeli**	[zapa'lɛne ɔsk'ʃɛli]
pneumonia (f)	**zapalenie** (n) **płuc**	[zapa'lɛne pwuts]
gripe (f)	**grypa** (ż)	['grɨpa]
míope	**krótkowzroczny**	[krutkɔvz'rɔtʃnɨ]
presbita	**dalekowzroczny**	[dalekɔvz'rɔtʃnɨ]
estrabismo (m)	**zez** (m)	[zɛs]
estrábico	**zezowaty**	[zɛzɔ'vatɨ]
catarata (f)	**katarakta** (ż)	[kata'rakta]
glaucoma (m)	**jaskra** (ż)	['jaskra]
AVC (m), apoplexia (f)	**wylew** (m)	['vɨlef]
ataque (m) cardíaco	**zawał** (m)	['zavaw]
enfarte (m) do miocárdio	**zawał** (m) **mięśnia sercowego**	['zavaw 'mɛ̃ɕɲa sɛrtsɔ'vɛgɔ]
paralisia (f)	**paraliż** (m)	[pa'raliʃ]
paralisar (vt)	**sparaliżować**	[sparali'ʒɔvatʃ]
alergia (f)	**alergia** (ż)	[a'lergʰja]
asma (f)	**astma** (ż)	['astma]
diabetes (f)	**cukrzyca** (ż)	[tsuk'ʃɨtsa]
dor (f) de dentes	**ból** (m) **zęba**	[buʎ 'zɛ̃ba]
cárie (f)	**próchnica** (ż)	[pruh'nitsa]
diarreia (f)	**rozwolnienie** (n)	[rɔzvɔʎ'nene]
prisão (f) de ventre	**zaparcie** (n)	[za'partʃe]
desarranjo (m) intestinal	**rozstrój** (m) **żołądka**	['rɔsstruj ʒɔ'wɔ̃tka]
intoxicação (f) alimentar	**zatrucie** (n) **pokarmowe**	[zat'rutʃe pɔkar'mɔvɛ]
intoxicar-se	**zatruć się**	['zatrutʃ ɕɛ̃]
artrite (f)	**artretyzm** (m)	[art'rɛtɨzm]
raquitismo (m)	**krzywica** (ż)	[kʃɨ'vitsa]
reumatismo (m)	**reumatyzm** (m)	[rɛu'matɨzm]
arteriosclerose (f)	**miażdżyca** (ż)	[mʲaʒ'dʒɨtsa]
gastrite (f)	**nieżyt** (m) **żołądka**	['neʒɨt ʒɔ'wɔ̃tka]
apendicite (f)	**zapalenie** (n) **wyrostka robaczkowego**	[zapa'lene vɨ'rɔstka rɔbatʃkɔ'vɛgɔ]

úlcera (f)	**wrzód** (m)	[vʒut]
sarampo (m)	**odra** (ż)	['ɔdra]
rubéola (f)	**różyczka** (ż)	[ru'ʒɨʧka]
iterícia (f)	**żółtaczka** (ż)	[ʒuw'taʧka]
hepatite (f)	**zapalenie** (n) **wątroby**	[zapa'lene vɔ̃t'rɔbɨ]

esquizofrenia (f)	**schizofrenia** (ż)	[shizɔf'rɛnʰja]
raiva (f)	**wścieklizna** (ż)	[vɕʧek'lizna]
neurose (f)	**nerwica** (ż)	[nɛr'viʦa]
comoção (f) cerebral	**wstrząs** (m) **mózgu**	[fsʧɔ̃s 'muzgu]

cancro (m)	**rak** (m)	[rak]
esclerose (f)	**stwardnienie** (n)	[stvard'nenie]
esclerose (f) múltipla	**stwardnienie** (n) **rozsiane**	[stfard'nene rɔz'ɕanɛ]

alcoolismo (m)	**alkoholizm** (m)	[aʎkɔ'hɔlizm]
alcoólico (m)	**alkoholik** (m)	[aʎkɔ'hɔlik]
sífilis (f)	**syfilis** (m)	[sɨ'filis]
SIDA (f)	**AIDS** (m)	[ɛjʦ]

tumor (m)	**nowotwór** (m)	[nɔ'vɔtfur]
maligno	**złośliwa**	[zwɔɕ'liva]
benigno	**niezłośliwa**	[nezwɔɕ'liva]

febre (f)	**febra** (ż)	['fɛbra]
malária (f)	**malaria** (ż)	[ma'ʎarʰja]
gangrena (f)	**gangrena** (ż)	[gaŋ'rɛna]
enjoo (m)	**choroba** (ż) **morska**	[hɔ'rɔba 'mɔrska]
epilepsia (f)	**padaczka** (ż)	[pa'daʧka]

epidemia (f)	**epidemia** (ż)	[ɛpi'dɛmʰja]
tifo (m)	**tyfus** (m)	['tɨfus]
tuberculose (f)	**gruźlica** (ż)	[gruʑʲ'liʦa]
cólera (f)	**cholera** (ż)	[hɔ'lera]
peste (f)	**dżuma** (ż)	['ʤuma]

48. Sintomas. Tratamentos. Parte 1

sintoma (m)	**objaw** (m)	['ɔbʰjaf]
temperatura (f)	**temperatura** (ż)	[tɛmpɛra'tura]
febre (f)	**gorączka** (ż)	[gɔ'rɔ̃ʧka]
pulso (m)	**puls** (m)	[puʎs]

vertigem (f)	**zawrót** (m) **głowy**	['zavrut 'gwɔvɨ]
quente (testa, etc.)	**gorący**	[gɔ'rɔ̃ʦɨ]
calafrio (m)	**dreszcz** (m)	['drɛʃʧ]
pálido	**blady**	['bʎadɨ]

tosse (f)	**kaszel** (m)	['kaʃɛʎ]
tossir (vi)	**kaszleć**	['kaʃleʧ]
espirrar (vi)	**kichać**	['kihaʧ]
desmaio (m)	**omdlenie** (n)	[ɔmd'lene]
desmaiar (vi)	**zemdleć**	['zɛmdleʧ]
nódoa (f) negra	**siniak** (m)	['ɕiɲak]

galo (m)	**guz** (m)	[gus]
magoar-se (vr)	**uderzyć się**	[u'dɛʒɨʧ ɕɛ̃]
pisadura (f)	**stłuczenie** (n)	[stwut'ʃɛne]
aleijar-se (vr)	**potłuc się**	['pɔtwuʦ ɕɛ̃]
coxear (vi)	**kuleć**	['kuleʧ]
deslocação (f)	**zwichnięcie** (n)	[zvih'nɛ̃ʧe]
deslocar (vt)	**zwichnąć**	['zvihnɔ̃ʧ]
fratura (f)	**złamanie** (n)	[zwa'mane]
fraturar (vt)	**otrzymać złamanie**	[ɔt'ʃɨmaʧ zwa'mane]
corte (m)	**skaleczenie** (n)	[skalet'ʃɛne]
cortar-se (vr)	**skaleczyć się**	[ska'leʧɨʧ ɕɛ̃]
hemorragia (f)	**krwotok** (m)	['krfɔtɔk]
queimadura (f)	**oparzenie** (n)	[ɔpa'ʒɛne]
queimar-se (vr)	**poparzyć się**	[pɔ'paʒɨʧ ɕɛ̃]
picar (vt)	**ukłuć**	['ukwuʧ]
picar-se (vr)	**ukłuć się**	['ukwuʧ ɕɛ̃]
lesionar (vt)	**uszkodzić**	[uʃ'kɔʤiʧ]
lesão (m)	**uszkodzenie** (n)	[uʃkɔ'ʣɛne]
ferida (f), ferimento (m)	**rana** (ż)	['rana]
trauma (m)	**uraz** (m)	['uras]
delirar (vi)	**bredzić**	['brɛʤiʧ]
gaguejar (vi)	**jąkać się**	[ɔ̃kaʧ ɕɛ̃]
insolação (f)	**udar** (m) **słoneczny**	['udar swɔ'nɛʧnɨ]

49. Sintomas. Tratamentos. Parte 2

dor (f)	**ból** (m)	[buʎ]
farpa (no dedo)	**drzazga** (ż)	['ʤazga]
suor (m)	**pot** (m)	[pɔt]
suar (vi)	**pocić się**	['pɔʧiʧ ɕɛ̃]
vómito (m)	**wymiotowanie** (n)	[vɨmɜtɔ'vane]
convulsões (f pl)	**drgawki** (l.mn.)	['drgavki]
grávida	**ciężarna** (ż)	[ʧɛ̃'ʒarna]
nascer (vi)	**urodzić się**	[u'rɔʤiʧ ɕɛ̃]
parto (m)	**poród** (m)	['pɔrut]
dar à luz	**rodzić**	['rɔʤiʧ]
aborto (m)	**aborcja** (ż)	[a'bɔrʦʰja]
respiração (f)	**oddech** (m)	['ɔddɛh]
inspiração (f)	**wdech** (m)	[vdɛh]
expiração (f)	**wydech** (m)	['vɨdɛh]
expirar (vi)	**zrobić wydech**	['zrɔbiʧ 'vɨdɛh]
inspirar (vi)	**zrobić wdech**	['zrɔbiʧ vdɛh]
inválido (m)	**niepełnosprawny** (m)	[nepɛwnɔsp'ravnɨ]
aleijado (m)	**kaleka** (m, ż)	[ka'leka]
toxicodependente (m)	**narkoman** (m)	[nar'kɔman]

surdo	**niesłyszący, głuchy**	[neswɨ'ʃɔ̃tsɨ], ['gwuhɨ]
mudo	**niemy**	['nemɨ]
surdo-mudo	**głuchoniemy**	[gwuhɔ'nemɨ]
louco (adj.)	**zwariowany**	[zvarʰɜ'vanɨ]
louco (m)	**wariat** (m)	['varʰjat]
louca (f)	**wariatka** (ż)	[varʰ'jatka]
ficar louco	**stracić rozum**	['stratʃitʃ rɔzum]
gene (m)	**gen** (m)	[gɛn]
imunidade (f)	**odporność** (ż)	[ɔt'pɔrnɔɕtʃ]
hereditário	**dziedziczny**	[dʒe'dʒitʃnɨ]
congénito	**wrodzony**	[vrɔ'dzɔnɨ]
vírus (m)	**wirus** (m)	['virus]
micróbio (m)	**mikrob** (m)	['mikrɔb]
bactéria (f)	**bakteria** (ż)	[bak'tɛrʰja]
infeção (f)	**infekcja** (ż)	[in'fɛktsʰja]

50. Sintomas. Tratamentos. Parte 3

hospital (m)	**szpital** (m)	['ʃpitaʎ]
paciente (m)	**pacjent** (m)	['patsʰent]
diagnóstico (m)	**diagnoza** (ż)	[dʰjag'nɔza]
cura (f)	**leczenie** (n)	[let'ʃɛne]
tratamento (m) médico	**leczenie** (n)	[let'ʃɛne]
curar-se (vr)	**leczyć się**	['letʃitʃ ɕɛ̃]
tratar (vt)	**leczyć**	['letʃitʃ]
cuidar (pessoa)	**opiekować się**	[ɔpe'kɔvatʃ ɕɛ̃]
cuidados (m pl)	**opieka** (ż)	[ɔ'peka]
operação (f)	**operacja** (ż)	[ɔpɛ'ratsʰja]
enfaixar (vt)	**opatrzyć**	[ɔ'patʃitʃ]
enfaixamento (m)	**opatrunek** (m)	[ɔpat'runɛk]
vacinação (f)	**szczepionka** (m)	[ʃtʃɛ'pɜŋka]
vacinar (vt)	**szczepić**	['ʃtʃɛpitʃ]
injeção (f)	**zastrzyk** (m)	['zastʃik]
dar uma injeção	**robić zastrzyk**	['rɔbitʃ 'zastʃik]
amputação (f)	**amputacja** (ż)	[ampu'tatsʰja]
amputar (vt)	**amputować**	[ampu'tɔvatʃ]
coma (f)	**śpiączka** (ż)	[ɕpɔ̃tʃka]
estar em coma	**być w śpiączce**	[bitʃ f ɕpɔ̃tʃtse]
reanimação (f)	**reanimacja** (ż)	[rɛani'matsʰja]
recuperar-se (vr)	**wracać do zdrowia**	['vratsatʃ dɔ 'zdrɔvʲa]
estado (~ de saúde)	**stan** (m)	[stan]
consciência (f)	**przytomność** (ż)	[pʃi'tɔmnɔɕtʃ]
memória (f)	**pamięć** (ż)	['pamɛ̃tʃ]
tirar (vt)	**usuwać**	[u'suvatʃ]
chumbo (m), obturação (f)	**plomba** (ż)	['plɜmba]

chumbar, obturar (vt)	**plombować**	[plɜm'bɔvatʃ]
hipnose (f)	**hipnoza** (ż)	[hip'nɔza]
hipnotizar (vt)	**hipnotyzować**	[hipnɔtɨ'zɔvatʃ]

51. Médicos

médico (m)	**lekarz** (m)	['lekaʃ]
enfermeira (f)	**pielęgniarka** (ż)	[pelɛ̃g'ɲarka]
médico (m) pessoal	**lekarz** (m) **prywatny**	[lekaʒ prɨ'vatnɨ]
dentista (m)	**dentysta** (m)	[dɛn'tɨsta]
oculista (m)	**okulista** (m)	[ɔku'lista]
terapeuta (m)	**internista** (m)	[intɛr'nista]
cirurgião (m)	**chirurg** (m)	['hirurk]
psiquiatra (m)	**psychiatra** (m)	[psɨh^h'atra]
pediatra (m)	**pediatra** (m)	[pɛd^h'atra]
psicólogo (m)	**psycholog** (m)	[psɨ'hɔlɜg]
ginecologista (m)	**ginekolog** (m)	[ginɛ'kɔlɜk]
cardiologista (m)	**kardiolog** (m)	[kard^hɜ'lɜk]

52. Medicina. Drogas. Acessórios

medicamento (m)	**lekarstwo** (n)	[le'karstfɔ]
remédio (m)	**środek** (m)	['ɕrɔdɛk]
receitar (vt)	**zapisać**	[za'pisatʃ]
receita (f)	**recepta** (ż)	[rɛ'tsɛpta]
comprimido (m)	**tabletka** (ż)	[tab'letka]
pomada (f)	**maść** (ż)	[maɕtʃ]
ampola (f)	**ampułka** (ż)	[am'puwka]
preparado (m)	**mikstura** (ż)	[miks'tura]
xarope (m)	**syrop** (m)	['sɨrɔp]
cápsula (f)	**pigułka** (ż)	[pi'guwka]
remédio (m) em pó	**proszek** (m)	['prɔʃɛk]
ligadura (f)	**bandaż** (m)	['bandaʃ]
algodão (m)	**wata** (ż)	['vata]
iodo (m)	**jodyna** (ż)	[ɜ'dɨna]
penso (m) rápido	**plaster** (m)	['pʎaster]
conta-gotas (m)	**zakraplacz** (m)	[zak'rapʎatʃ]
termómetro (m)	**termometr** (m)	[tɛr'mɔmɛtr]
seringa (f)	**strzykawka** (ż)	[stʃɨ'kafka]
cadeira (f) de rodas	**wózek** (m) **inwalidzki**	['vɔzɛk inva'lidzki]
muletas (f pl)	**kule** (l.mn.)	['kule]
analgésico (m)	**środek** (m) **przeciwbólowy**	['ɕrɔdɛk pʃɛtʃifbɔ'lɔvɨ]
laxante (m)	**środek** (m) **przeczyszczający**	['ɕrɔdɛk pʃɛtʃɨʃtʃaɔ̃tsɨ]
álcool (m) etílico	**spirytus** (m)	[spi'rɨtus]
ervas (f pl) medicinais	**zioła** (l.mn.) **lecznicze**	[ʒi'ɔla lɛtʃ'nitʃɛ]
de ervas (chá ~)	**ziołowy**	[ʒɜ'wɔvɨ]

HABITAT HUMANO

Cidade

53. Cidade. Vida na cidade

cidade (f)	**miasto** (n)	['mʲastɔ]
capital (f)	**stolica** (ż)	[stɔ'litsa]
aldeia (f)	**wieś** (ż)	[veɕ]
mapa (m) da cidade	**plan** (m) **miasta**	[pʎan 'mʲasta]
centro (m) da cidade	**centrum** (n) **miasta**	['tsɛntrum 'mʲasta]
subúrbio (m)	**dzielnica** (ż) **podmiejska**	[dʒɛʎ'nitsa pɔd'mejska]
suburbano	**podmiejski**	[pɔd'mejski]
periferia (f)	**peryferie** (l.mn.)	[pɛrɨ'fɛrʰe]
arredores (m pl)	**okolice** (l.mn.)	[ɔkɔ'litsɛ]
quarteirão (m)	**osiedle** (n)	[ɔ'ɕedle]
quarteirão (m) residencial	**osiedle** (n) **mieszkaniowe**	[ɔ'ɕedle meʃka'nɜvɛ]
tráfego (m)	**ruch** (m) **uliczny**	[ruh u'litʃnɨ]
semáforo (m)	**światła** (l.mn.)	['ɕfʲatwa]
transporte (m) público	**komunikacja** (ż) **publiczna**	[kɔmuni'katsʰja pub'litʃna]
cruzamento (m)	**skrzyżowanie** (n)	[skʃɨʒɔ'vane]
passadeira (f)	**przejście** (n)	['pʃɛjɕtʃe]
passagem (f) subterrânea	**przejście** (n) **podziemne**	['pʃɛjɕtʃe pɔ'dʒemnɛ]
cruzar, atravessar (vt)	**przechodzić**	[pʃɛ'hɔdʒitʃ]
peão (m)	**pieszy** (m)	['peʃɨ]
passeio (m)	**chodnik** (m)	['hɔdnik]
ponte (f)	**most** (m)	[mɔst]
margem (f) do rio	**nadbrzeże** (n)	[nadb'ʒɛʒɛ]
fonte (f)	**fontanna** (ż)	[fɔn'taŋa]
alameda (f)	**aleja** (ż)	[a'leja]
parque (m)	**park** (m)	[park]
bulevar (m)	**bulwar** (m)	['buʎvar]
praça (f)	**plac** (m)	[pʎats]
avenida (f)	**aleja** (ż)	[a'leja]
rua (f)	**ulica** (ż)	[u'litsa]
travessa (f)	**zaułek** (m)	[za'uwɛk]
beco (m) sem saída	**ślepa uliczka** (ż)	['ɕlepa u'litʃka]
casa (f)	**dom** (m)	[dɔm]
edifício, prédio (m)	**budynek** (m)	[bu'dɨnɛk]
arranha-céus (m)	**wieżowiec** (m)	[ve'ʒɔvets]
fachada (f)	**fasada** (ż)	[fa'sada]
telhado (m)	**dach** (m)	[dah]

janela (f)	**okno** (n)	['ɔknɔ]
arco (m)	**łuk** (m)	[wuk]
coluna (f)	**kolumna** (ż)	[kɔ'lymna]
esquina (f)	**róg** (m)	[ruk]
montra (f)	**witryna** (ż)	[vit'rɨna]
letreiro (m)	**szyld** (m)	[ʃɨʎt]
cartaz (m)	**afisz** (m)	['afiʃ]
cartaz (m) publicitário	**plakat** (m) **reklamowy**	['pʎakat rɛkʎa'mɔvɨ]
painel (m) publicitário	**billboard** (m)	['biʎbɔrt]
lixo (m)	**śmiecie** (l.mn.)	['ɕmeʧe]
cesta (f) do lixo	**kosz** (m) **na śmieci**	[kɔʃ na 'ɕmeʧi]
jogar lixo na rua	**śmiecić**	['ɕmeʧiʧ]
aterro (m) sanitário	**wysypisko** (n) **śmieci**	[vɨsɨpiskɔ 'ɕmeʧi]
cabine (f) telefónica	**budka** (ż) **telefoniczna**	['butka tɛlefɔ'niʧna]
candeeiro (m) de rua	**słup** (m) **oświetleniowy**	[swup ɔɕvetle'nɜvɨ]
banco (m)	**ławka** (ż)	['wafka]
polícia (m)	**policjant** (m)	[pɔ'liʦʰjant]
polícia (instituição)	**policja** (ż)	[pɔ'liʦʰja]
mendigo (m)	**żebrak** (m)	['ʒɛbrak]
sem-abrigo (m)	**bezdomny** (m)	[bɛz'dɔmnɨ]

54. Instituições urbanas

loja (f)	**sklep** (m)	[sklep]
farmácia (f)	**apteka** (ż)	[ap'tɛka]
ótica (f)	**optyk** (m)	['ɔptɨk]
centro (m) comercial	**centrum** (n) **handlowe**	['ʦɛntrum hand'lɜvɛ]
supermercado (m)	**supermarket** (m)	[supɛr'markɛt]
padaria (f)	**sklep** (m) **z pieczywem**	[sklep s pet'ʃɨvɛm]
padeiro (m)	**piekarz** (m)	['pekaʃ]
pastelaria (f)	**cukiernia** (ż)	[ʦu'kerɲa]
mercearia (f)	**sklep** (m) **spożywczy**	[sklep spɔ'ʒɨvʧɨ]
talho (m)	**sklep** (m) **mięsny**	[sklep 'mensnɨ]
loja (f) de legumes	**warzywniak** (m)	[va'ʒɨvɲak]
mercado (m)	**targ** (m)	[tark]
café (m)	**kawiarnia** (ż)	[ka'vʲarɲa]
restaurante (m)	**restauracja** (ż)	[rɛstau'raʦʰja]
bar (m), cervejaria (f)	**piwiarnia** (ż)	[pi'vʲarɲa]
pizzaria (f)	**pizzeria** (ż)	[pi'ʦerʰja]
salão (m) de cabeleireiro	**salon** (m) **fryzjerski**	['salɔn frɨzʰ'erski]
correios (m pl)	**poczta** (ż)	['pɔʧta]
lavandaria (f)	**pralnia** (ż) **chemiczna**	['praʎɲa hɛ'miʧna]
estúdio (m) fotográfico	**zakład** (m) **fotograficzny**	['zakwat fɔtɔgra'fiʧnɨ]
sapataria (f)	**sklep** (m) **obuwniczy**	[sklep ɔbuv'niʧɨ]
livraria (f)	**księgarnia** (ż)	[kɕɛ̃'garɲa]

loja (f) de artigos de desporto	**sklep** (m) **sportowy**	[sklep spɔr'tɔvɨ]
reparação (f) de roupa	**reperacja** (ż) **odzieży**	[rɛpɛ'ratsʰja ɔ'dʒeʒɨ]
aluguer (m) de roupa	**wypożyczanie** (n) **strojów okazjonalnych**	[vɨpɔʒɨ'tʃane strɔ'juv ɔkazʲɔ'naʎnɨh]
aluguer (m) de filmes	**wypożyczalnia** (ż) **filmów**	[vɨpɔʒɨt'ʃaʎɲa 'fiʎmuf]
circo (m)	**cyrk** (m)	[tsɨrk]
jardim (m) zoológico	**zoo** (n)	['zɔ:]
cinema (m)	**kino** (n)	['kinɔ]
museu (m)	**muzeum** (n)	[mu'zɛum]
biblioteca (f)	**biblioteka** (ż)	[biblɜ'tɛka]
teatro (m)	**teatr** (m)	['tɛatr]
ópera (f)	**opera** (ż)	['ɔpɛra]
clube (m) noturno	**klub nocny** (m)	[klyp 'nɔtsnɨ]
casino (m)	**kasyno** (n)	[ka'sɨnɔ]
mesquita (f)	**meczet** (m)	['mɛtʃɛt]
sinagoga (f)	**synagoga** (ż)	[sɨna'gɔga]
catedral (f)	**katedra** (ż)	[ka'tɛdra]
templo (m)	**świątynia** (ż)	[ɕfɔ̃'tɨɲa]
igreja (f)	**kościół** (m)	['kɔʃtʃɔw]
instituto (m)	**instytut** (m)	[ins'tɨtut]
universidade (f)	**uniwersytet** (m)	[uni'vɛrsɨtɛt]
escola (f)	**szkoła** (ż)	['ʃkɔwa]
prefeitura (f)	**urząd** (m) **dzielnicowy**	['uʒɔ̃d dʒeʎnitsɔvɨ]
câmara (f) municipal	**urząd** (m) **miasta**	['uʒɔ̃t 'mʲasta]
hotel (m)	**hotel** (m)	['hɔtɛʎ]
banco (m)	**bank** (m)	[baŋk]
embaixada (f)	**ambasada** (ż)	[amba'sada]
agência (f) de viagens	**agencja** (ż) **turystyczna**	[a'gɛntsʰja turɨs'tɨtʃna]
agência (f) de informações	**informacja** (ż)	[infɔr'matsʰja]
casa (f) de câmbio	**kantor** (m)	['kantɔr]
metro (m)	**metro** (n)	['mɛtrɔ]
hospital (m)	**szpital** (m)	['ʃpitaʎ]
posto (m) de gasolina	**stacja** (ż) **benzynowa**	['statsʰja bɛnzɨ'nɔva]
parque (m) de estacionamento	**parking** (m)	['parkiŋk]

55. Sinais

letreiro (m)	**szyld** (m)	[ʃɨʎt]
inscrição (f)	**napis** (m)	['napis]
cartaz, póster (m)	**plakat** (m)	['pʎakat]
sinal (m) informativo	**drogowskaz** (m)	[drɔ'gɔfskas]
seta (f)	**strzałka** (ż)	['stʃawka]
aviso (advertência)	**ostrzeżenie** (n)	[ɔstʃɛ'ʒɛne]
sinal (m) de aviso	**przestroga** (ż)	[pʃɛst'rɔga]
avisar, advertir (vt)	**ostrzegać**	[ɔst'ʃɛgatʃ]

dia (m) de folga	**dzień** (m) **wolny**	[dʒeɲ 'vɔʎnɨ]
horário (m)	**rozkład** (m) **jazdy**	['rɔskwad 'jazdɨ]
horário (m) de funcionamento	**godziny** (l.mn.) **pracy**	[gɔ'dʒinɨ 'pratsɨ]
BEM-VINDOS!	**WITAMY!**	[vi'tamɨ]
ENTRADA	**WEJŚCIE**	['vɛjɕtʃe]
SAÍDA	**WYJŚCIE**	['vɨjɕtʃe]
EMPURRE	**PCHAĆ**	[phatʃ]
PUXE	**CIĄGNĄĆ**	[tʃɔ̃gnɔɲtʃ]
ABERTO	**OTWARTE**	[ɔt'fartɛ]
FECHADO	**ZAMKNIĘTE**	[zamk'nentɛ]
MULHER	**DLA PAŃ**	[dʎa paɲ]
HOMEM	**DLA MĘŻCZYZN**	[dʎa 'mɛ̃ʒtʃɨzn]
DESCONTOS	**ZNIŻKI**	['zniʃki]
SALDOS	**WYPRZEDAŻ**	[vɨp'ʃɛdaʃ]
NOVIDADE!	**NOWOŚĆ!**	['nɔvɔɕtʃ]
GRÁTIS	**GRATIS**	['gratis]
ATENÇÃO!	**UWAGA!**	[u'vaga]
NÃO HÁ VAGAS	**BRAK MIEJSC**	[brak mejsts]
RESERVADO	**REZERWACJA**	[rɛzɛr'vatsʰja]
ADMINISTRAÇÃO	**ADMINISTRACJA**	[administ'ratsʰja]
SOMENTE PESSOAL AUTORIZADO	**WEJŚCIE SŁUŻBOWE**	['vɛjɕtʃe swuʒ'bɔvɛ]
CUIDADO CÃO FEROZ	**UWAGA! ZŁY PIES**	[u'vaga zwɨ pes]
PROIBIDO FUMAR!	**ZAKAZ PALENIA!**	['zakas pa'leɲa]
NÃO TOCAR	**NIE DOTYKAĆ!**	[ne dɔ'tɨkatʃ]
PERIGOSO	**NIEBEZPIECZNY**	[nebɛs'petʃnɨ]
PERIGO	**NIEBEZPIECZEŃSTWO**	[nebɛspetʃɛɲstfɔ]
ALTA TENSÃO	**WYSOKIE NAPIĘCIE**	[vɨsɔke napɛ̃tʃe]
PROIBIDO NADAR	**KĄPIEL WZBRONIONA**	[kɔmpeʎ vzbrɔnɔ̃a]
AVARIADO	**NIECZYNNE**	[netʃɨŋɛ]
INFLAMÁVEL	**ŁATWOPALNE**	[vatvɔ'paʎnɛ]
PROIBIDO	**ZAKAZ**	['zakas]
ENTRADA PROIBIDA	**ZAKAZ PRZEJŚCIA**	['zakas 'pʃɛjɕtʃʲa]
CUIDADO TINTA FRESCA	**ŚWIEŻO MALOWANE**	['ɕfeʒɔ malɔ'vanɛ]

56. Transportes urbanos

autocarro (m)	**autobus** (m)	[au'tɔbus]
elétrico (m)	**tramwaj** (m)	['tramvaj]
troleicarro (m)	**trolejbus** (m)	[trɔ'lejbus]
itinerário (m)	**trasa** (ż)	['trasa]
número (m)	**numer** (m)	['numɛr]
ir de ... (carro, etc.)	**jechać w ...**	['ehatʃ v]
entrar (~ no autocarro)	**wsiąść**	[fɕɔ̃ɕtʃ]

descer de ...	**zsiąść z ...**	[zɕɔ̃ɕʧ z]
paragem (f)	**przystanek** (m)	[pʃɨs'tanɛk]
próxima paragem (f)	**następny przystanek** (m)	[nas'tɛ̃pnɨ pʃɨs'tanɛk]
ponto (m) final	**stacja** (ż) **końcowa**	['staʦʰja kɔɲ'ʦɔva]
horário (m)	**rozkład** (m) **jazdy**	['rɔskwad 'jazdɨ]
esperar (vt)	**czekać**	['ʧɛkaʧ]
bilhete (m)	**bilet** (m)	['bilet]
custo (m) do bilhete	**cena** (ż) **biletu**	['ʦɛna bi'letu]
bilheteiro (m)	**kasjer** (m), **kasjerka** (ż)	['kasʰer], [kasʰ'erka]
controlo (m) dos bilhetes	**kontrola** (ż) **biletów**	[kɔnt'rɔʎa bi'letɔf]
revisor (m)	**kontroler** (m) **biletów**	[kɔnt'rɔler bi'letɔf]
atrasar-se (vr)	**spóźniać się**	['spuʑʲɲaʧ ɕɛ̃]
perder (o autocarro, etc.)	**spóźnić się**	['spuʑʲniʧ ɕɛ̃]
estar com pressa	**śpieszyć się**	['ɕpeʃɨʧ ɕɛ̃]
táxi (m)	**taksówka** (ż)	[tak'sufka]
taxista (m)	**taksówkarz** (m)	[tak'sufkaʃ]
de táxi (ir ~)	**taksówką**	[tak'sufkɔ̃]
praça (f) de táxis	**postój** (m) **taksówek**	['pɔstuj tak'suvɛk]
chamar um táxi	**wezwać taksówkę**	['vɛzvaʧ tak'sufkɛ̃]
apanhar um táxi	**wziąć taksówkę**	[vʒɔ̃ʲʧ tak'sufkɛ̃]
tráfego (m)	**ruch** (m) **uliczny**	[ruh u'liʧnɨ]
engarrafamento (m)	**korek** (m)	['kɔrɛk]
horas (f pl) de ponta	**godziny** (l.mn.) **szczytu**	[gɔ'ʤinɨ 'ʃʧɨtu]
estacionar (vi)	**parkować**	[par'kɔvaʧ]
estacionar (vt)	**parkować**	[par'kɔvaʧ]
parque (m) de estacionamento	**parking** (m)	['parkiŋk]
metro (m)	**metro** (n)	['mɛtrɔ]
estação (f)	**stacja** (ż)	['staʦʰja]
ir de metro	**jechać metrem**	['ehaʧ 'mɛtrɛm]
comboio (m)	**pociąg** (m)	['pɔʧɔ̃k]
estação (f)	**dworzec** (m)	['dvɔʒɛʦ]

57. Turismo

monumento (m)	**pomnik** (m)	['pɔmnik]
fortaleza (f)	**twierdza** (ż)	['tferʣa]
palácio (m)	**pałac** (m)	['pawaʦ]
castelo (m)	**zamek** (m)	['zamɛk]
torre (f)	**wieża** (ż)	['veʒa]
mausoléu (m)	**mauzoleum** (n)	[mauzɔ'leum]
arquitetura (f)	**architektura** (ż)	[arhitɛk'tura]
medieval	**średniowieczny**	[ɕrɛdnɜ'veʧnɨ]
antigo	**zabytkowy**	[zabɨt'kɔvɨ]
nacional	**narodowy**	[narɔ'dɔvɨ]
conhecido	**znany**	['znanɨ]
turista (m)	**turysta** (m)	[tu'rɨsta]
guia (pessoa)	**przewodnik** (m)	[pʃɛ'vɔdnik]

excursão (f)	**wycieczka** (ż)	[vɨ'ʧeʧka]
mostrar (vt)	**pokazywać**	[pɔka'zɨvaʧ]
contar (vt)	**opowiadać**	[ɔpɔ'vʲadaʧ]
encontrar (vt)	**znaleźć**	['znaleɕʧ]
perder-se (vr)	**zgubić się**	['zgubiʧ ɕɛ̃]
mapa (~ do metrô)	**plan** (m)	[pʎan]
mapa (~ da cidade)	**plan** (m)	[pʎan]
lembrança (f), presente (m)	**pamiątka** (ż)	[pamɔ̃tka]
loja (f) de presentes	**sklep** (m) **z upominkami**	[sklep s upɔmi'ŋkami]
fotografar (vt)	**robić zdjęcia**	['rɔbiʧ 'zdʰɛ̃ʧa]
fotografar-se	**fotografować się**	[fɔtɔgra'fɔvaʧ ɕɛ̃]

58. Compras

comprar (vt)	**kupować**	[ku'pɔvaʧ]
compra (f)	**zakup** (m)	['zakup]
fazer compras	**robić zakupy**	['rɔbiʧ za'kupɨ]
compras (f pl)	**zakupy** (l.mn.)	[za'kupɨ]
estar aberta (loja, etc.)	**być czynnym**	[bɨʧ 'ʧɨŋɨm]
estar fechada	**być nieczynnym**	[bɨʧ net'ʃɨŋɨm]
calçado (m)	**obuwie** (n)	[ɔ'buve]
roupa (f)	**odzież** (ż)	['ɔʤeʃ]
cosméticos (m pl)	**kosmetyki** (l.mn.)	[kɔs'mɛtɨki]
alimentos (m pl)	**artykuły** (l.mn.) **spożywcze**	[artɨ'kuwɨ spɔ'ʒɨfʧɛ]
presente (m)	**prezent** (m)	['prɛzɛnt]
vendedor (m)	**ekspedient** (m)	[ɛks'pɛdʰent]
vendedora (f)	**ekspedientka** (ż)	[ɛkspedʰ'entka]
caixa (f)	**kasa** (ż)	['kasa]
espelho (m)	**lustro** (n)	['lystrɔ]
balcão (m)	**lada** (ż)	['ʎada]
cabine (f) de provas	**przymierzalnia** (ż)	[pʃɨme'ʒaʎɲa]
provar (vt)	**przymierzyć**	[pʃɨ'meʒɨʧ]
servir (vi)	**pasować**	[pa'sɔvaʧ]
gostar (apreciar)	**podobać się**	[pɔ'dɔbaʧ ɕɛ̃]
preço (m)	**cena** (ż)	['ʦɛna]
etiqueta (f) de preço	**metka** (ż)	['mɛtka]
custar (vt)	**kosztować**	[kɔʃ'tɔvaʧ]
Quanto?	**Ile kosztuje?**	['ile kɔʃ'tue]
desconto (m)	**zniżka** (ż)	['zniʃka]
não caro	**niedrogi**	[ned'rɔgi]
barato	**tani**	['tani]
caro	**drogi**	['drɔgi]
É caro	**To dużo kosztuje**	[tɔ 'duʒɔ kɔʃ'tue]
aluguer (m)	**wypożyczalnia** (ż)	[vɨpɔʒɨt'ʃaʎɲa]
alugar (vestidos, etc.)	**wypożyczyć**	[vɨpɔ'ʒɨʧɨʧ]

crédito (m)	**kredyt** (m)	['krɛdɨt]
a crédito	**na kredyt**	[na 'krɛdɨt]

59. Dinheiro

dinheiro (m)	**pieniądze** (l.mn.)	[penɔ̃dʑɛ]
câmbio (m)	**wymiana** (ż)	[vɨ'mʲana]
taxa (f) de câmbio	**kurs** (m)	[kurs]
Caixa Multibanco (m)	**bankomat** (m)	[ba'ŋkɔmat]
moeda (f)	**moneta** (ż)	[mɔ'nɛta]
dólar (m)	**dolar** (m)	['dɔʎar]
euro (m)	**euro** (m)	['ɛurɔ]
lira (f)	**lir** (m)	[lir]
marco (m)	**marka** (ż)	['marka]
franco (m)	**frank** (m)	[fraŋk]
libra (f) esterlina	**funt szterling** (m)	[funt 'ʃtɛrliŋk]
iene (m)	**jen** (m)	[en]
dívida (f)	**dług** (m)	[dwuk]
devedor (m)	**dłużnik** (m)	['dwuʒnik]
emprestar (vt)	**pożyczyć**	[pɔ'ʒɨʧɨʧ]
pedir emprestado	**pożyczyć od ...**	[pɔ'ʒɨʧɨʧ ɔt]
banco (m)	**bank** (m)	[baŋk]
conta (f)	**konto** (n)	['kɔntɔ]
depositar na conta	**wpłacić na konto**	['vpwaʧiʧ na 'kɔntɔ]
levantar (vt)	**podjąć z konta**	['pɔdʰɔ̃ʧ s 'kɔnta]
cartão (m) de crédito	**karta** (ż) **kredytowa**	['karta krɛdɨ'tɔva]
dinheiro (m) vivo	**gotówka** (ż)	[gɔ'tufka]
cheque (m)	**czek** (m)	[ʧɛk]
passar um cheque	**wystawić czek**	[vɨs'taviʧ ʧɛk]
livro (m) de cheques	**książeczka** (ż) **czekowa**	[kɕɔ̃'ʒɛʧka ʧɛ'kɔva]
carteira (f)	**portfel** (m)	['pɔrtfɛʎ]
porta-moedas (m)	**portmonetka** (ż)	[pɔrtmɔ'nɛtka]
cofre (m)	**sejf** (m)	[sɛjf]
herdeiro (m)	**spadkobierca** (m)	[spatkɔ'bɛrʦa]
herança (f)	**spadek** (m)	['spadɛk]
fortuna (riqueza)	**majątek** (m)	[maɔ̃tɛk]
arrendamento (m)	**dzierżawa** (ż)	[ʤer'ʒava]
renda (f) de casa	**czynsz** (m)	[ʧɨnʃ]
alugar (vt)	**wynajmować**	[vɨnaj'mɔvaʧ]
preço (m)	**cena** (ż)	['ʦɛna]
custo (m)	**wartość** (ż)	['vartɔɕʧ]
soma (f)	**suma** (ż)	['suma]
gastar (vt)	**wydawać**	[vɨ'davaʧ]
gastos (m pl)	**wydatki** (l.mn.)	[vɨ'datki]

economizar (vi)	**oszczędzać**	[ɔʃt'ʃɛndzatʃ]
económico	**ekonomiczny**	[ɛkɔnɔ'mitʃnɨ]
pagar (vt)	**płacić**	['pwatʃitʃ]
pagamento (m)	**opłata** (ż)	[ɔp'wata]
troco (m)	**reszta** (ż)	['rɛʃta]
imposto (m)	**podatek** (m)	[pɔ'datɛk]
multa (f)	**kara** (ż)	['kara]
multar (vt)	**karać grzywną**	['karatʃ 'gʒɨvnɔ̃]

60. Correios. Serviço postal

correios (m pl)	**poczta** (ż)	['pɔtʃta]
correio (m)	**poczta** (ż)	['pɔtʃta]
carteiro (m)	**listonosz** (m)	[lis'tɔnɔʃ]
horário (m)	**godziny** (l.mn.) **pracy**	[gɔ'dʒinɨ 'pratsɨ]
carta (f)	**list** (m)	[list]
carta (f) registada	**list** (m) **polecony**	[list pɔle'tsɔnɨ]
postal (m)	**pocztówka** (ż)	[pɔtʃ'tufka]
telegrama (m)	**telegram** (m)	[tɛ'legram]
encomenda (f) postal	**paczka** (ż)	['patʃka]
remessa (f) de dinheiro	**przekaz** (m) **pieniężny**	['pʃɛkas pe'nenʒnɨ]
receber (vt)	**odebrać**	[ɔ'dɛbratʃ]
enviar (vt)	**wysłać**	['vɨswatʃ]
envio (m)	**wysłanie** (n)	[vɨs'wane]
endereço (m)	**adres** (m)	['adrɛs]
código (m) postal	**kod** (m) **pocztowy**	[kɔt pɔtʃ'tɔvɨ]
remetente (m)	**nadawca** (m)	[na'daftsa]
destinatário (m)	**odbiorca** (m)	[ɔd'bɜrtsa]
nome (m)	**imię** (n)	['imɛ̃]
apelido (m)	**nazwisko** (n)	[naz'viskɔ]
tarifa (f)	**taryfa** (ż)	[ta'rɨfa]
ordinário	**zwykła**	['zvɨkwa]
económico	**oszczędna**	[ɔʃt'ʃɛndna]
peso (m)	**ciężar** (m)	['tʃenʒar]
pesar (estabelecer o peso)	**ważyć**	['vaʒɨtʃ]
envelope (m)	**koperta** (ż)	[kɔ'pɛrta]
selo (m)	**znaczek** (m)	['znatʃɛk]
colar o selo	**naklejać znaczek**	[nak'lejatʃ 'znatʃɛk]

Moradia. Casa. Lar

61. Casa. Eletricidade

eletricidade (f)	**elektryczność** (ż)	[ɛlekt'rɨʧnɔɕʧ]
lâmpada (f)	**żarówka** (ż)	[ʒa'rufka]
interruptor (m)	**wyłącznik** (m)	[vɨ'wɔ̃ʧnik]
fusível (m)	**korki** (l.mn.)	['kɔrki]
fio, cabo (m)	**przewód** (m)	['pʃɛvut]
instalação (f) elétrica	**instalacja** (ż) **elektryczna**	[insta'ʎaʦʰja ɛlekt'rɨʧna]
contador (m) de eletricidade	**licznik** (m) **prądu**	['liʧnik 'prɔ̃du]
indicação (f), registo (m)	**odczyt** (m)	['ɔdʃʧɨt]

62. Moradia. Mansão

casa (f) de campo	**dom** (m) **za miastem**	[dɔm za 'mʲastɛm]
vila (f)	**willa** (ż)	['viʎa]
ala (~ do edifício)	**skrzydło** (n)	['skʃɨdwɔ]
jardim (m)	**ogród** (m)	['ɔgrut]
parque (m)	**park** (m)	[park]
estufa (f)	**szklarnia** (ż)	['ʃkʎarɲa]
cuidar de ...	**pielęgnować**	[pelɛ̃g'nɔvaʧ]
piscina (f)	**basen** (m)	['basɛn]
ginásio (m)	**sala** (ż) **gimnastyczna**	['saʎa gimnas'tɨʧna]
campo (m) de ténis	**kort** (m) **tenisowy**	[kɔrt tɛni'sɔvɨ]
cinema (m)	**pokój TV** (m)	['pɔkɔj tɛ 'fau]
garagem (f)	**garaż** (m)	['garaʃ]
propriedade (f) privada	**własność** (ż) **prywatna**	['vwasnɔɕʧ prɨ'vatna]
terreno (m) privado	**posesja** (ż) **prywatna**	[pɔ'sɛsʰja prɨ'vatna]
advertência (f)	**ostrzeżenie** (n)	[ɔsʧɛ'ʒɛne]
sinal (m) de aviso	**tabliczka** (ż) **ostrzegawcza**	[tab'liʧka ɔsʧɛ'gafʧa]
guarda (f)	**ochrona** (ż)	[ɔh'rɔna]
guarda (m)	**ochroniarz** (m)	[ɔh'rɔɲaʃ]
alarme (m)	**alarm** (m)	['aʎarm]

63. Apartamento

apartamento (m)	**mieszkanie** (n)	[meʃ'kane]
quarto (m)	**pokój** (m)	['pɔkuj]
quarto (m) de dormir	**sypialnia** (ż)	[sɨ'pʲaʎɲa]

sala (f) de jantar	**jadalnia** (ż)	[ja'daʎɲa]
sala (f) de estar	**salon** (m)	['salɜn]
escritório (m)	**gabinet** (m)	[ga'binɛt]
antessala (f)	**przedpokój** (m)	[pʃɛt'pɔkuj]
quarto (m) de banho	**łazienka** (ż)	[wa'ʒeŋka]
toilette (lavabo)	**toaleta** (ż)	[tɔa'leta]
teto (m)	**sufit** (m)	['sufit]
chão, soalho (m)	**podłoga** (ż)	[pɔd'wɔga]
canto (m)	**kąt** (m)	[kɔ̃t]

64. Mobiliário. Interior

mobiliário (m)	**meble** (l.mn.)	['mɛble]
mesa (f)	**stół** (m)	[stɔw]
cadeira (f)	**krzesło** (n)	['kʃɛswɔ]
cama (f)	**łóżko** (n)	['wuʃkɔ]
divã (m)	**kanapa** (ż)	[ka'napa]
cadeirão (m)	**fotel** (m)	['fɔtɛʎ]
estante (f)	**biblioteczka** (ż)	[bibʎjɔ'tɛʧka]
prateleira (f)	**półka** (ż)	['puwka]
guarda-vestidos (m)	**szafa** (ż) **ubraniowa**	['ʃafa ubra'nɜva]
cabide (m) de parede	**wieszak** (m)	['veʃak]
cabide (m) de pé	**wieszak** (m)	['veʃak]
cómoda (f)	**komoda** (ż)	[kɔ'mɔda]
mesinha (f) de centro	**stolik** (m) **kawowy**	['stɔlik ka'vɔvɨ]
espelho (m)	**lustro** (n)	['lystrɔ]
tapete (m)	**dywan** (m)	['dɨvan]
tapete (m) pequeno	**dywanik** (m)	[dɨ'vanik]
lareira (f)	**kominek** (m)	[kɔ'minɛk]
vela (f)	**świeca** (ż)	['ɕfeʦa]
castiçal (m)	**świecznik** (m)	['ɕfeʧnik]
cortinas (f pl)	**zasłony** (l.mn.)	[zas'wɔnɨ]
papel (m) de parede	**tapety** (l.mn.)	[ta'pɛtɨ]
estores (f pl)	**żaluzje** (l.mn.)	[ʒa'lyzʰe]
candeeiro (m) de mesa	**lampka** (ż) **na stół**	['ʎampka na stɔw]
candeeiro (m) de parede	**lampka** (ż)	['ʎampka]
candeeiro (m) de pé	**lampa** (ż) **stojąca**	['ʎampa stɔ̃:ʦa]
lustre (m)	**żyrandol** (m)	[ʒɨ'randɔʎ]
pé (de mesa, etc.)	**noga** (ż)	['nɔga]
braço (m)	**poręcz** (ż)	['pɔrɛ̃ʧ]
costas (f pl)	**oparcie** (n)	[ɔ'parʧe]
gaveta (f)	**szuflada** (ż)	[ʃuf'ʎada]

65. Quarto de dormir

roupa (f) de cama	**pościel** (ż)	['pɔɕtʃeʎ]
almofada (f)	**poduszka** (ż)	[pɔ'duʃka]
fronha (f)	**poszewka** (ż)	[pɔ'ʃɛfka]
cobertor (m)	**kołdra** (ż)	['kɔwdra]
lençol (m)	**prześcieradło** (n)	[pʃɛɕtʃe'radwɔ]
colcha (f)	**narzuta** (ż)	[na'ʒuta]

66. Cozinha

cozinha (f)	**kuchnia** (ż)	['kuhɲa]
gás (m)	**gaz** (m)	[gas]
fogão (m) a gás	**kuchenka** (ż) **gazowa**	[ku'hɛŋka ga'zɔva]
fogão (m) elétrico	**kuchenka** (ż) **elektryczna**	[ku'hɛŋka ɛlekt'rɨtʃna]
forno (m)	**piekarnik** (m)	[pe'karnik]
forno (m) de micro-ondas	**mikrofalówka** (ż)	[mikrɔfa'lyfka]
frigorífico (m)	**lodówka** (ż)	[lɜ'dufka]
congelador (m)	**zamrażarka** (ż)	[zamra'ʒarka]
máquina (f) de lavar louça	**zmywarka** (ż) **do naczyń**	[zmɨ'varka dɔ 'natʃɨɲ]
moedor (m) de carne	**maszynka** (ż) **do mięsa**	[ma'ʃɨŋka dɔ 'mensa]
espremedor (m)	**sokowirówka** (ż)	[sɔkɔvi'rufka]
torradeira (f)	**toster** (m)	['tɔstɛr]
batedeira (f)	**mikser** (m)	['miksɛr]
máquina (f) de café	**ekspres** (m) **do kawy**	['ɛksprɛs dɔ 'kavɨ]
cafeteira (f)	**dzbanek** (m) **do kawy**	['dzbanɛk dɔ 'kavɨ]
moinho (m) de café	**młynek** (m) **do kawy**	['mwɨnɛk dɔ 'kavɨ]
chaleira (f)	**czajnik** (m)	['tʃajnik]
bule (m)	**czajniczek** (m)	[tʃaj'nitʃɛk]
tampa (f)	**pokrywka** (ż)	[pɔk'rɨfka]
coador (m) de chá	**sitko** (n)	['ɕitkɔ]
colher (f)	**łyżka** (ż)	['wɨʃka]
colher (f) de chá	**łyżeczka** (ż)	[wɨ'ʒɛtʃka]
colher (f) de sopa	**łyżka** (ż) **stołowa**	['wɨʃka stɔ'wɔva]
garfo (m)	**widelec** (m)	[vi'dɛlets]
faca (f)	**nóż** (m)	[nuʃ]
louça (f)	**naczynia** (l.mn.)	[nat'ʃɨɲa]
prato (m)	**talerz** (m)	['taleʃ]
pires (m)	**spodek** (m)	['spɔdɛk]
cálice (m)	**kieliszek** (m)	[ke'liʃɛk]
copo (m)	**szklanka** (ż)	['ʃkʎaŋka]
chávena (f)	**filiżanka** (ż)	[fili'ʒaŋka]
açucareiro (m)	**cukiernica** (ż)	[tsuker'nitsa]
saleiro (m)	**solniczka** (ż)	[sɔʎ'nitʃka]
pimenteiro (m)	**pieprzniczka** (ż)	[pepʃ'nitʃka]

manteigueira (f)	**maselniczka** (ż)	[masɛʎ'niʧka]
panela, caçarola (f)	**garnek** (m)	['garnɛk]
frigideira (f)	**patelnia** (ż)	[pa'tɛʎɲa]
concha (f)	**łyżka** (ż) **wazowa**	['wɨʃka va'zɔva]
passador (m)	**durszlak** (m)	['durʃʎak]
bandeja (f)	**taca** (ż)	['tatsa]
garrafa (f)	**butelka** (ż)	[bu'tɛʎka]
boião (m) de vidro	**słoik** (m)	['swɔik]
lata (f)	**puszka** (ż)	['puʃka]
abre-garrafas (m)	**otwieracz** (m) **do butelek**	[ɔt'feraʧ dɛ bu'tɛlek]
abre-latas (m)	**otwieracz** (m) **do puszek**	[ɔt'feraʧ dɛ 'puʃɛk]
saca-rolhas (m)	**korkociąg** (m)	[kɔr'kɔʧɔ̃k]
filtro (m)	**filtr** (m)	[fiʎtr]
filtrar (vt)	**filtrować**	[fiʎt'rɔvaʧ]
lixo (m)	**odpadki** (l.mn.)	[ɔt'patki]
balde (m) do lixo	**kosz** (m) **na śmieci**	[kɔʃ na 'ɕmeʧi]

67. Casa de banho

quarto (m) de banho	**łazienka** (ż)	[wa'ʒeŋka]
água (f)	**woda** (ż)	['vɔda]
torneira (f)	**kran** (m)	[kran]
água (f) quente	**gorąca woda** (ż)	[gɔ'rɔ̃tsa 'vɔda]
água (f) fria	**zimna woda** (ż)	['ʒimna 'vɔda]
pasta (f) de dentes	**pasta** (ż) **do zębów**	['pasta dɔ 'zɛ̃buf]
escovar os dentes	**myć zęby**	[mɨʧ 'zɛ̃bɨ]
barbear-se (vr)	**golić się**	['gɔliʧ ɕɛ̃]
espuma (f) de barbear	**pianka** (ż) **do golenia**	['pʲaŋka dɔ gɔ'leɲa]
máquina (f) de barbear	**maszynka** (ż) **do golenia**	[ma'ʃɨŋka dɔ gɔ'leɲa]
lavar (vt)	**myć**	[mɨʧ]
lavar-se (vr)	**myć się**	['mɨʧ ɕɛ̃]
duche (m)	**prysznic** (m)	['prɨʃnits]
tomar um duche	**brać prysznic**	[braʧ 'prɨʃnits]
banheira (f)	**wanna** (ż)	['vaŋa]
sanita (f)	**sedes** (m)	['sɛdɛs]
lavatório (m)	**zlew** (m)	[zlef]
sabonete (m)	**mydło** (n)	['mɨdwɔ]
saboneteira (f)	**mydelniczka** (ż)	[mɨdɛʎ'niʧka]
esponja (f)	**gąbka** (ż)	['gɔ̃pka]
champô (m)	**szampon** (m)	['ʃampɔn]
toalha (f)	**ręcznik** (m)	['rɛnʧnik]
roupão (m) de banho	**szlafrok** (m)	['ʃʎafrɔk]
lavagem (f)	**pranie** (n)	['prane]
máquina (f) de lavar	**pralka** (ż)	['praʎka]

lavar a roupa	**prać**	[pratʃ]
detergente (m)	**proszek** (m) **do prania**	['prɔʃɛk dɔ 'praɲa]

68. Eletrodomésticos

televisor (m)	**telewizor** (m)	[tɛle'vizɔr]
gravador (m)	**magnetofon** (m)	[magnɛ'tɔfɔn]
videogravador (m)	**magnetowid** (m)	[magnɛ'tɔvid]
rádio (m)	**odbiornik** (m)	[ɔd'bɜrnik]
leitor (m)	**odtwarzacz** (m)	[ɔtt'vaʒatʃ]
projetor (m)	**projektor** (m) **wideo**	[prɔ'ektɔr vi'dɛɔ]
cinema (m) em casa	**kino** (n) **domowe**	['kinɔ dɔ'mɔvɛ]
leitor (m) de DVD	**odtwarzacz DVD** (m)	[ɔtt'vaʒatʃ di vi di]
amplificador (m)	**wzmacniacz** (m)	['vzmatsɲatʃ]
console (f) de jogos	**konsola** (ż) **do gier**	[kɔn'sɔʎa dɔ ger]
câmara (f) de vídeo	**kamera** (ż) **wideo**	[ka'mɛra vi'dɛɔ]
máquina (f) fotográfica	**aparat** (m) **fotograficzny**	[a'parat fɔtɔgra'fitʃnɨ]
câmara (f) digital	**aparat** (m) **cyfrowy**	[a'parat tsɨf'rɔvɨ]
aspirador (m)	**odkurzacz** (m)	[ɔt'kuʒatʃ]
ferro (m) de engomar	**żelazko** (n)	[ʒɛ'ʎaskɔ]
tábua (f) de engomar	**deska** (ż) **do prasowania**	['dɛska dɔ prasɔ'vaɲa]
telefone (m)	**telefon** (m)	[tɛ'lefɔn]
telemóvel (m)	**telefon** (m) **komórkowy**	[tɛ'lefɔn kɔmur'kɔvɨ]
máquina (f) de escrever	**maszyna** (ż) **do pisania**	[ma'ʃina dɔ pi'saɲa]
máquina (f) de costura	**maszyna** (ż) **do szycia**	[ma'ʃina dɔ 'ʃɨtʃa]
microfone (m)	**mikrofon** (m)	[mik'rɔfɔn]
auscultadores (m pl)	**słuchawki** (l.mn.)	[swu'hafki]
controlo remoto (m)	**pilot** (m)	['pilɜt]
CD (m)	**płyta CD** (ż)	['pwɨta si'di]
cassete (f)	**kaseta** (ż)	[ka'sɛta]
disco (m) de vinil	**płyta** (ż)	['pwɨta]

ATIVIDADES HUMANAS

Emprego. Negócios. Parte 1

69. Escritório. O trabalho no escritório

escritório (~ de advogados)	**biuro** (n)	['byrɔ]
escritório (do diretor, etc.)	**biuro** (n)	['byrɔ]
secretário (m)	**sekretarka** (ż)	[sɛkrɛ'tarka]
diretor (m)	**dyrektor** (m)	[dɨ'rɛktɔr]
gerente (m)	**menedżer** (m)	[mɛ'nɛʤɛr]
contabilista (m)	**księgowy** (m)	[kɕɛ̃'gɔvɨ]
empregado (m)	**pracownik** (ż)	[pra'ʦɔvnik]
mobiliário (m)	**meble** (l.mn.)	['mɛble]
mesa (f)	**biurko** (n)	['byrkɔ]
cadeira (f)	**fotel** (m)	['fɔtɛʎ]
bloco (m) de gavetas	**kontener** (m)	[kɔn'tɛnɛr]
cabide (m) de pé	**wieszak** (m)	['veʃak]
computador (m)	**komputer** (m)	[kɔm'putɛr]
impressora (f)	**drukarka** (ż)	[dru'karka]
fax (m)	**faks** (m)	[faks]
fotocopiadora (f)	**kserokopiarka** (ż)	[ksɛrɔkɔ'pʲarka]
papel (m)	**papier** (m)	['paper]
artigos (m pl) de escritório	**materiały** (l.mn.) **biurowe**	[matɛrʰ'jawɨ by'rɔvɛ]
tapete (m) de rato	**podkładka** (ż) **pod myszkę**	[pɔtk'watka pɔd 'mɨʃkɛ]
folha (f) de papel	**kartka** (ż)	['kartka]
pasta (f)	**teczka** (ż)	['tɛʧka]
catálogo (m)	**katalog** (m)	[ka'talɜk]
diretório (f) telefónico	**informator** (m)	[infɔr'matɔr]
documentação (f)	**dokumentacja** (ż)	[dɔkumɛn'taʦʰja]
brochura (f)	**broszura** (ż)	[brɔ'ʃura]
flyer (m)	**ulotka** (ż)	[u'lɜtka]
amostra (f)	**próbka** (ż)	['prɔbka]
formação (f)	**szkolenie** (n)	[ʃkɔ'lene]
reunião (f)	**narada** (ż)	[na'rada]
hora (f) de almoço	**przerwa** (ż) **obiadowa**	['pʃɛrva ɔbʲa'dɔva]
fazer uma cópia	**kopiować**	[kɔ'pʲɔvaʧ]
tirar cópias	**skopiować**	[skɔ'pʲɔvaʧ]
receber um fax	**dostawać faks**	[dɔs'tavaʧ 'faks]
enviar um fax	**wysyłać faks**	[vɨ'sɨwaʧ faks]
fazer uma chamada	**zadzwonić**	[zaʣ'vɔniʧ]
responder (vt)	**odpowiedzieć**	[ɔtpɔ'veʤeʧ]

passar (vt)	**połączyć**	[pɔ'wɔ̃tʃɨtʃ]
marcar (vt)	**umówić**	[u'muvitʃ]
demonstrar (vt)	**przedstawiać**	[pʃɛts'tavʲatʃ]
estar ausente	**być nieobecnym**	[bɨtʃ neɔ'bɛtsnɨm]
ausência (f)	**nieobecność** (ż)	[neɔ'bɛtsnɔɕtʃ]

70. Processos negociais. Parte 1

ocupação (f)	**zajęcie** (n)	[za'ɛ̃tʃɛ]
firma, empresa (f)	**firma** (ż)	['firma]
companhia (f)	**spółka** (ż)	['spuwka]
corporação (f)	**korporacja** (ż)	[kɔrpɔ'ratsʰja]
empresa (f)	**przedsiębiorstwo** (n)	[pʃɛtɕɛ̃'bɜrstfɔ]
agência (f)	**agencja** (ż)	[a'gɛntsʰja]
acordo (documento)	**umowa** (ż)	[u'mɔva]
contrato (m)	**kontrakt** (m)	['kɔntrakt]
acordo (transação)	**umowa** (ż)	[u'mɔva]
encomenda (f)	**zamówienie** (n)	[zamu'vene]
cláusulas (f pl), termos (m pl)	**warunek** (m)	[va'runɛk]
por grosso (adv)	**hurtem**	['hurtɛm]
por grosso (adj)	**hurtowy**	[hur'tɔvɨ]
venda (f) por grosso	**sprzedaż** (ż) **hurtowa**	['spʃɛdaʃ hur'tɔva]
a retalho	**detaliczny**	[dɛta'litʃnɨ]
venda (f) a retalho	**sprzedaż** (ż) **detaliczna**	['spʃɛdaʃ dɛta'litʃna]
concorrente (m)	**konkurent** (m)	[kɔ'ŋkurɛnt]
concorrência (f)	**konkurencja** (ż)	[kɔŋku'rɛntsʰja]
competir (vi)	**konkurować**	[kɔŋku'rɔvatʃ]
sócio (m)	**wspólnik** (m)	['fspɔʎnik]
parceria (f)	**partnerstwo** (n)	[part'nɛrstfɔ]
crise (f)	**kryzys** (m)	['krɨzɨs]
bancarrota (f)	**bankructwo** (n)	[baŋk'rutstfɔ]
entrar em falência	**zbankrutować**	[zbaŋkru'tɔvatʃ]
dificuldade (f)	**trudności** (l.mn.)	[trud'nɔɕtʃi]
problema (m)	**problem** (m)	['prɔblem]
catástrofe (f)	**katastrofa** (ż)	[katast'rɔfa]
economia (f)	**gospodarka** (ż)	[gɔspɔ'darka]
económico	**gospodarczy**	[gɔspɔ'dartʃɨ]
recessão (f) económica	**recesja** (ż)	[rɛ'tsɛsʰja]
objetivo (m)	**cel** (m)	[tsɛʎ]
tarefa (f)	**zadanie** (n)	[za'dane]
comerciar (vi, vt)	**handlować**	[hand'lɜvatʃ]
rede (de distribuição)	**sieć** (ż)	[ɕetʃ]
estoque (m)	**skład** (m)	[skwat]
sortimento (m)	**asortyment** (m)	[asɔr'tɨmɛnt]
líder (m)	**lider** (m)	['lidɛr]
grande (~ empresa)	**duży**	['duʒɨ]

monopólio (m)	**monopol** (m)	[mɔ'nɔpɔʎ]
teoria (f)	**teoria** (ż)	[tɛ'ɔrʰja]
prática (f)	**praktyka** (ż)	['praktɨka]
experiência (falar por ~)	**doświadczenie** (n)	[dɔɕvʲatt'ʃɛne]
tendência (f)	**tendencja** (ż)	[tɛn'dɛntsʰja]
desenvolvimento (m)	**rozwój** (m)	['rɔzvuj]

71. Processos negociais. Parte 2

rentabilidade (f)	**korzyści** (l.mn.)	[kɔ'ʒɨɕtʃi]
rentável	**korzystny**	[kɔ'ʒɨstnɨ]
delegação (f)	**delegacja** (ż)	[dɛle'gatsʰja]
salário, ordenado (m)	**pensja** (ż)	['pɛnsʰja]
corrigir (um erro)	**naprawiać**	[nap'ravʲatʃ]
viagem (f) de negócios	**wyjazd** (m) **służbowy**	['vɨjast swuʒ'bɔvɨ]
comissão (f)	**komisja** (ż)	[kɔ'misʰja]
controlar (vt)	**kontrolować**	[kɔntrɔ'lɜvatʃ]
conferência (f)	**konferencja** (ż)	[kɔnfɛ'rɛntsʰja]
licença (f)	**licencja** (ż)	[li'tsɛntsʰja]
confiável	**pewny**	['pɛvnɨ]
empreendimento (m)	**przedsięwzięcie** (n)	[pʃɛdɕenv'ʒentʃe]
norma (f)	**norma** (ż)	['nɔrma]
circunstância (f)	**okoliczność** (ż)	[ɔkɔ'litʃnɔɕtʃ]
dever (m)	**obowiązek** (m)	[ɔbɔvɔ̃zɛk]
empresa (f)	**organizacja** (m)	[ɔrgani'zatsja]
organização (f)	**organizacja** (m)	[ɔrgani'zatsja]
organizado	**zorganizowany**	[zɔrganizɔ'vanɨ]
anulação (f)	**odwołanie** (n)	[ɔdvɔ'wane]
anular, cancelar (vt)	**odwołać**	[ɔd'vɔwatʃ]
relatório (m)	**sprawozdanie** (n)	[spravɔz'dane]
patente (f)	**patent** (m)	['patɛnt]
patentear (vt)	**opatentować**	[ɔpatɛn'tɔvatʃ]
planear (vt)	**planować**	[pʎa'nɔvatʃ]
prémio (m)	**premia** (ż)	['prɛmʰja]
profissional	**profesjonalny**	[prɔfɛsʰɜ'naʎnɨ]
procedimento (m)	**procedura** (ż)	[prɔtsɛ'dura]
examinar (a questão)	**rozpatrzyć**	[rɔs'patʃɨtʃ]
cálculo (m)	**wyliczenie** (n)	[vɨli'tʃɛnie]
reputação (f)	**reputacja** (ż)	[rɛpu'tatsʰja]
risco (m)	**ryzyko** (n)	['rɨzɨkɔ]
dirigir (~ uma empresa)	**kierować**	[ke'rɔvatʃ]
informação (f)	**wiadomości** (l.mn.)	[vʲadɔ'mɔɕtʃi]
propriedade (f)	**własność** (ż)	['vwasnɔɕtʃ]
união (f)	**związek** (m)	[zvɔ̃zɛk]
seguro (m) de vida	**ubezpieczenie** (n) **na życie**	[ubɛspet'ʃɛne na 'ʒɨtʃe]
fazer um seguro	**ubezpieczać**	[ubɛs'petʃatʃ]

seguro (m)	**ubezpieczenie** (n)	[ubɛspet'ʃɛne]
leilão (m)	**przetarg** (m)	['pʃɛtark]
notificar (vt)	**powiadomić**	[pɔvʲa'dɔmitʃ]
gestão (f)	**zarządzanie** (n)	[zaʒɔ̃'dzane]
serviço (indústria de ~s)	**usługa** (ż)	[us'wuga]
fórum (m)	**forum** (n)	['fɔrum]
funcionar (vi)	**funkcjonować**	[fuŋktsʰɜ'nɔvatʃ]
estágio (m)	**etap** (m)	['ɛtap]
jurídico	**prawny**	['pravnɨ]
jurista (m)	**prawnik** (m)	['pravnik]

72. Produção. Trabalhos

usina (f)	**zakład** (m)	['zakwat]
fábrica (f)	**fabryka** (ż)	['fabrɨka]
oficina (f)	**cech** (m)	[tsɛh]
local (m) de produção	**zakład** (m)	['zakwat]
indústria (f)	**przemysł** (m)	['pʃɛmɨsw]
industrial	**przemysłowy**	[pʃɛmɨs'wɔvɨ]
indústria (f) pesada	**przemysł** (m) **ciężki**	['pʃɛmɨsw 'tʃenʃki]
indústria (f) ligeira	**przemysł** (m) **lekki**	['pʃɛmɨsw 'lekki]
produção (f)	**produkcja** (ż)	[prɔ'duktsʰja]
produzir (vt)	**produkować**	[prɔdu'kɔvatʃ]
matérias-primas (f pl)	**surowiec** (m)	[su'rɔvets]
chefe (m) de brigada	**brygadzista** (m)	[brɨga'dʒista]
brigada (f)	**brygada** (m)	[brɨ'gada]
operário (m)	**robotnik** (m)	[rɔ'bɔtnik]
dia (m) de trabalho	**dzień** (m) **roboczy**	[dʒeɲ rɔ'bɔtʃɨ]
pausa (f)	**przerwa** (ż)	['pʃɛrva]
reunião (f)	**zebranie** (n)	[zɛb'rane]
discutir (vt)	**omawiać**	[ɔ'mavʲatʃ]
plano (m)	**plan** (m)	[pʎan]
cumprir o plano	**wykonywać plan**	[vɨkɔ'nɨvatʃ pʎan]
taxa (f) de produção	**norma** (ż)	['nɔrma]
qualidade (f)	**jakość** (ż)	['jakɔɕtʃ]
controlo (m)	**kontrola** (ż)	[kɔnt'rɔʎa]
controlo (m) da qualidade	**kontrola** (ż) **jakości**	[kɔnt'rɔʎa ja'kɔɕtʃi]
segurança (f) no trabalho	**bezpieczeństwo** (n) **pracy**	[bɛspet'ʃɛɲstfɔ 'pratsɨ]
disciplina (f)	**dyscyplina** (ż)	[dɨstsɨp'lina]
infração (f)	**naruszenie** (n)	[naru'ʃɛne]
violar (as regras)	**naruszać**	[na'ruʃatʃ]
greve (f)	**strajk** (m)	[strajk]
grevista (m)	**strajkujący** (m)	[strajkuɔ̃tsɨ]
estar em greve	**strajkować**	[straj'kɔvatʃ]
sindicato (m)	**związek** (m) **zawodowy**	[zvɔ̃zɛk zavɔ'dɔvɨ]
inventar (vt)	**wynalazać**	[vɨna'ʎazatʃ]

invenção (f)	**wynalazek** (m)	[vɨna'ʎazɛk]
pesquisa (f)	**badanie** (ż)	[ba'dane]
melhorar (vt)	**udoskonalać**	[udɔskɔ'naʎatʃ]
tecnologia (f)	**technologia** (ż)	[tɛhnɔ'lɜgʰja]
desenho (m) técnico	**rysunek** (m) **techniczny**	[rɨ'sunɛk tɛh'nitʃnɛ]
carga (f)	**ładunek** (m)	[wa'dunɛk]
carregador (m)	**ładowacz** (m)	[wa'dɔvatʃ]
carregar (vt)	**ładować**	[wa'dɔvatʃ]
carregamento (m)	**załadunek** (m)	[zawa'dunɛk]
descarregar (vt)	**rozładowywać**	[rɔzwadɔ'vɨvatʃ]
descarga (f)	**rozładunek** (m)	[rɔzwa'dunɛk]
transporte (m)	**transport** (m)	['transpɔrt]
companhia (f) de transporte	**firma** (ż) **transportowa**	['firma transpɔr'tɔva]
transportar (vt)	**przewozić**	[pʃɛ'vɔʒitʃ]
vagão (m) de carga	**wagon** (m) **towarowy**	['vagɔn tɔva'rɔvɨ]
cisterna (f)	**cysterna** (ż)	[tsɨs'tɛrna]
camião (m)	**ciężarówka** (ż)	[tʃɛ̃ʒa'rufka]
máquina-ferramenta (f)	**obrabiarka** (ż)	[ɔbra'bʲarka]
mecanismo (m)	**mechanizm** (m)	[mɛ'hanizm]
resíduos (m pl) industriais	**odpady** (l.mn.)	[ɔt'padɨ]
embalagem (f)	**pakowanie** (n)	[pakɔ'vane]
embalar (vt)	**zapakować**	[zapa'kɔvatʃ]

73. Contrato. Acordo

contrato (m)	**kontrakt** (m)	['kɔntrakt]
acordo (m)	**umowa** (ż)	[u'mɔva]
adenda (f), anexo (m)	**załącznik** (m)	[za'wɔ̃tʃnik]
assinar o contrato	**zawrzeć kontrakt**	['zavʒɛtʃ 'kɔntrakt]
assinatura (f)	**podpis** (m)	['pɔdpis]
assinar (vt)	**podpisać**	[pɔd'pisatʃ]
carimbo (m)	**pieczęć** (ż)	[pet'ʃɛ̃tʃ]
objeto (m) do contrato	**przedmiot** (m) **umowy**	['pʃɛdmɜt u'mɔvɨ]
cláusula (f)	**punkt** (m)	[puŋkt]
partes (f pl)	**strony** (l.mn.)	['strɔnɨ]
morada (f) jurídica	**adres** (m) **prawny**	['adrɛs 'pravnɨ]
violar o contrato	**naruszyć kontrakt**	[na'ruʃɨtʃ 'kɔntrakt]
obrigação (f)	**zobowiązanie** (n)	[zɔbɔvɔ̃'zane]
responsabilidade (f)	**odpowiedzialność** (ż)	[ɔtpɔve'dʒʲaʎnɔɕtʃ]
força (f) maior	**siła** (ż) **wyższa**	['ɕiwa 'vɨʃa]
litígio (m), disputa (f)	**spór** (m)	[spur]
multas (f pl)	**sankcje** (l.mn.) **karne**	['saŋktsʰe 'karnɛ]

74. Importação & Exportação

importação (f)	**import** (m)	['impɔrt]
importador (m)	**importer** (m)	[im'pɔrtɛr]
importar (vt)	**importować**	[impɔr'tɔvatʃ]
de importação	**importowany**	[impɔrtɔ'vanɨ]
exportador (m)	**eksporter** (m)	[ɛks'pɔrtɛr]
exportar (vt)	**eksportować**	[ɛkspɔr'tɔvatʃ]
mercadoria (f)	**towar** (m)	['tɔvar]
lote (de mercadorias)	**partia** (ż) **towaru**	['partʰja tɔ'varu]
peso (m)	**waga** (ż)	['vaga]
volume (m)	**objętość** (ż)	[ɔbʰ'entɔɕtʃ]
metro (m) cúbico	**metr** (m) **sześcienny**	[mɛtr ʃɛɕ'tʃeɲɨ]
produtor (m)	**producent** (m)	[prɔ'dutsɛnt]
companhia (f) de transporte	**firma** (ż) **transportowa**	['firma transpɔr'tɔva]
contentor (m)	**kontener** (m)	[kɔn'tɛnɛr]
fronteira (f)	**granica** (ż)	[gra'nitsa]
alfândega (f)	**urząd** (m) **celny**	['uʒɔ̃t 'tsɛʎnɨ]
taxa (f) alfandegária	**cło** (n)	[tswɔ]
funcionário (m) da alfândega	**celnik** (m)	['tsɛʎnik]
contrabando (atividade)	**przemyt** (m)	['pʃɛmɨt]
contrabando (produtos)	**kontrabanda** (ż)	[kɔntra'banda]

75. Finanças

ação (f)	**akcja** (ż)	['aktsʰja]
obrigação (f)	**obligacja** (ż)	[ɔbli'gatsʰja]
nota (f) promissória	**weksel** (m)	['vɛksɛʎ]
bolsa (f)	**giełda** (ż) **finansowa**	['gewda finan'sɔva]
cotação (m) das ações	**notowania** (l.mn.) **akcji**	[nɔtɔ'vaɲa 'aktsʰi]
tornar-se mais barato	**stanieć**	['stanetʃ]
tornar-se mais caro	**zdrożeć**	['zdrɔʒɛtʃ]
parte (f)	**udział** (m)	['udʒʲaw]
participação (f) maioritária	**pakiet** (m) **kontrolny**	['paket kɔnt'rɔʎnɨ]
investimento (m)	**inwestycje** (l.mn.)	[invɛs'tɨtsʰe]
investir (vt)	**inwestować**	[invɛs'tɔvatʃ]
percentagem (f)	**procent** (m)	['prɔtsɛnt]
juros (m pl)	**procenty** (l.mn.)	[prɔ'tsɛntɨ]
lucro (m)	**zysk** (m)	[zɨsk]
lucrativo	**dochodowy**	[dɔhɔ'dɔvɨ]
imposto (m)	**podatek** (m)	[pɔ'datɛk]
divisa (f)	**waluta** (ż)	[va'lyta]
nacional	**narodowy**	[narɔ'dɔvɨ]

câmbio (m)	**wymiana** (ż)	[vi'mʲana]
contabilista (m)	**księgowy** (m)	[kɕɛ̃'gɔvɨ]
contabilidade (f)	**księgowość** (ż)	[kɕɛ̃'gɔvɔɕʧ]
bancarrota (f)	**bankructwo** (n)	[baŋk'rutstfɔ]
falência (f)	**krach** (m)	[krah]
ruína (f)	**upadłość** (ż)	[u'padwɔɕʧ]
arruinar-se (vr)	**rujnować się**	[rui'nɔvaʧ ɕɛ̃]
inflação (f)	**inflacja** (ż)	[inf'ʎatsʰja]
desvalorização (f)	**dewaluacja** (ż)	[dɛvaly'atsʰja]
capital (m)	**kapitał** (m)	[ka'pitaw]
rendimento (m)	**dochód** (m)	['dɔhut]
volume (m) de negócios	**obrót** (m)	['ɔbrut]
recursos (m pl)	**zasoby** (l.mn.)	[za'sɔbɨ]
recursos (m pl) financeiros	**środki** (l.mn.) **pieniężne**	['ɕrɔtki pe'nenʒnɛ]
reduzir (vt)	**obniżyć**	[ɔb'niʒɨʧ]

76. Marketing

marketing (m)	**marketing** (m)	[mar'kɛtiŋk]
mercado (m)	**rynek** (m)	['rɨnɛk]
segmento (m) do mercado	**segment** (m) **rynku**	['sɛgmɛnt 'rɨŋku]
produto (m)	**produkt** (m)	['prɔdukt]
mercadoria (f)	**towar** (m)	['tɔvar]
marca (f) comercial	**marka** (ż) **handlowa**	['marka hand'lɜva]
logotipo (m)	**znak** (m) **firmowy**	[znak fir'mɔvɨ]
logo (m)	**logo** (n)	['lɜgɔ]
demanda (f)	**popyt** (m)	['pɔpɨt]
oferta (f)	**podaż** (ż)	['pɔdaʃ]
necessidade (f)	**potrzeba** (ż)	[pɔt'ʃɛba]
consumidor (m)	**konsument** (m)	[kɔn'sumɛnt]
análise (f)	**analiza** (ż)	[ana'liza]
analisar (vt)	**analizować**	[anali'zɔvaʧ]
posicionamento (m)	**pozycjonowanie** (n)	[pɔzɨtsʰɜnɔ'vane]
posicionar (vt)	**pozycjonować**	[pɔzɨtsʰɜ'nɔvaʧ]
preço (m)	**cena** (ż)	['tsɛna]
política (f) de preços	**polityka** (ż) **cenowa**	[pɔ'litɨka tsɛ'nɔva]
formação (f) de preços	**kształtowanie** (n) **cen**	[kʃtawtɔ'vane tsɛn]

77. Publicidade

publicidade (f)	**reklama** (ż)	[rɛk'ʎama]
publicitar (vt)	**reklamować**	[rɛkʎa'mɔvaʧ]
orçamento (m)	**budżet** (m)	['buʤɛt]
anúncio (m) publicitário	**reklama** (ż)	[rɛk'ʎama]
publicidade (f) televisiva	**reklama** (ż) **telewizyjna**	[rɛk'ʎama tɛlevi'zɨjna]

publicidade (f) na rádio	**reklama** (ż) **radiowa**	[rɛk'ʎama radʰɔva]
publicidade (f) exterior	**reklama** (ż) **zewnętrzna**	[rɛk'ʎama zɛv'nɛntʃna]
comunicação (f) de massa	**środki** (l.mn.) **masowego przekazu**	['ɕrɔtki masɔ'vɛgɔ pʃɛ'kazu]
periódico (m)	**periodyk** (m)	[pɛrʰɔdɨk]
imagem (f)	**wizerunek** (m)	[vizɛ'runɛk]
slogan (m)	**slogan** (m)	['slɜgan]
mote (m), divisa (f)	**hasło** (n)	['haswɔ]
campanha (f)	**kampania** (ż)	[kam'paɲja]
companha (f) publicitária	**kampania** (ż) **reklamowa**	[kam'paɲja rɛkʎa'mɔva]
grupo (m) alvo	**odbiorca** (m) **docelowy**	[ɔd'bɜrtsa dɔtsɛ'lɜvɨ]
cartão (m) de visita	**wizytówka** (ż)	[vizɨ'tufka]
flyer (m)	**ulotka** (ż)	[u'lɜtka]
brochura (f)	**broszura** (ż)	[brɔ'ʃura]
folheto (m)	**folder** (m)	['fɔʎdɛr]
boletim (~ informativo)	**biuletyn** (m)	[by'letɨn]
letreiro (m)	**szyld** (m)	[ʃɨʎt]
cartaz, póster (m)	**plakat** (m)	['pʎakat]
painel (m) publicitário	**billboard** (m)	['biʎbɔrt]

78. Banca

banco (m)	**bank** (m)	[baŋk]
sucursal, balcão (f)	**filia** (ż)	['fiʎja]
consultor (m)	**konsultant** (m)	[kɔn'suʎtant]
gerente (m)	**kierownik** (m)	[ke'rɔvnik]
conta (f)	**konto** (n)	['kɔntɔ]
número (m) da conta	**numer** (m) **konta**	['numɛr 'kɔnta]
conta (f) corrente	**rachunek** (m) **bieżący**	[ra'hunɛk be'ʒɔ̃tsɨ]
conta (f) poupança	**rachunek** (m) **oszczędnościowy**	[ra'hunɛk ɔʃtʃɛ̃dnɔɕ'tʃɔvɨ]
abrir uma conta	**założyć konto**	[za'wɔʒɨtʃ 'kɔntɔ]
fechar uma conta	**zamknąć konto**	['zamknɔɲtʃ 'kɔ̃tɔ]
depositar na conta	**wpłacić na konto**	['vpwatʃitʃ na 'kɔntɔ]
levantar (vt)	**podjąć z konta**	['pɔdʰɔ̃tʃ s 'kɔnta]
depósito (m)	**wkład** (m)	[fkwat]
fazer um depósito	**dokonać wpłaty**	[dɔ'kɔnatʃ 'fpwatɨ]
transferência (f) bancária	**przelew** (m)	['pʃɛlev]
transferir (vt)	**dokonać przelewu**	[dɔ'kɔnatʃ pʃɛ'levu]
soma (f)	**suma** (ż)	['suma]
Quanto?	**Ile?**	['ile]
assinatura (f)	**podpis** (m)	['pɔdpis]
assinar (vt)	**podpisać**	[pɔd'pisatʃ]

cartão (m) de crédito	**karta** (ż) **kredytowa**	['karta krɛdɨ'tɔva]
código (m)	**kod** (m)	[kɔd]
número (m) do cartão de crédito	**numer** (m) **karty kredytowej**	['numɛr 'kartɨ krɛdɨ'tɔvɛj]
Caixa Multibanco (m)	**bankomat** (m)	[ba'ŋkɔmat]
cheque (m)	**czek** (m)	[ʧɛk]
passar um cheque	**wystawić czek**	[vɨs'taviʧ ʧɛk]
livro (m) de cheques	**książeczka** (ż) **czekowa**	[kɕɔ̃'ʒɛʧka ʧɛ'kɔva]
empréstimo (m)	**kredyt** (m)	['krɛdɨt]
pedir um empréstimo	**wystąpić o kredyt**	[vɨs'tɔ̃piʧ ɔ 'krɛdɨt]
obter um empréstimo	**brać kredyt**	[braʧ 'krɛdɨt]
conceder um empréstimo	**udzielać kredytu**	[u'ʤeʎaʧ krɛ'dɨtu]
garantia (f)	**gwarancja** (ż)	[gva'ranʦʰja]

79. Telefone. Conversação telefónica

telefone (m)	**telefon** (m)	[tɛ'lefɔn]
telemóvel (m)	**telefon** (m) **komórkowy**	[tɛ'lefɔn kɔmur'kɔvɨ]
secretária (f) electrónica	**sekretarka** (ż)	[sɛkrɛ'tarka]
fazer uma chamada	**dzwonić**	['ʣvɔniʧ]
chamada (f)	**telefon** (m)	[tɛ'lefɔn]
marcar um número	**wybrać numer**	['vɨbraʧ 'numɛr]
Alô!	**Halo!**	['halɜ]
perguntar (vt)	**zapytać**	[za'pɨtaʧ]
responder (vt)	**odpowiedzieć**	[ɔtpɔ'veʤeʧ]
ouvir (vt)	**słyszeć**	['swɨʃɛʧ]
bem	**dobrze**	['dɔbʒɛ]
mal	**źle**	[ʑʲle]
ruído (m)	**zakłócenia** (l.mn.)	[zakwu'ʦɛɲa]
auscultador (m)	**słuchawka** (ż)	[swu'hafka]
pegar o telefone	**podnieść słuchawkę**	['pɔdneɕʧ swu'hafkɛ̃]
desligar (vi)	**odłożyć słuchawkę**	[ɔd'wɔʒɨʧ swu'hafkɛ̃]
ocupado	**zajęty**	[za'entɨ]
tocar (vi)	**dzwonić**	['ʣvɔniʧ]
lista (f) telefónica	**książka** (ż) **telefoniczna**	[kɕɔ̃ʃka tɛlefɔ'niʧna]
local	**miejscowy**	[mejs'ʦɔvɨ]
de longa distância	**międzymiastowy**	[mɛ̃ʣɨmʲas'tɔvɨ]
internacional	**międzynarodowy**	[mɛ̃ʣɨnarɔ'dɔvɨ]

80. Telefone móvel

telemóvel (m)	**telefon** (m) **komórkowy**	[tɛ'lefɔn kɔmur'kɔvɨ]
ecrã (m)	**wyświetlacz** (m)	[vɨɕ'fetʎaʧ]
botão (m)	**klawisz** (m)	['kʎaviʃ]

cartão SIM (m)	**karta** (ż) **SIM**	['karta sim]
bateria (f)	**bateria** (ż)	[ba'tɛrʰja]
descarregar-se	**rozładować się**	[rɔzwa'dɔvatʃ ɕɛ̃]
carregador (m)	**ładowarka** (ż)	[wadɔ'varka]
menu (m)	**menu** (n)	['menu]
definições (f pl)	**ustawienia** (l.mn.)	[usta'veɲa]
melodia (f)	**melodia** (ż)	[mɛ'lɜdʰja]
escolher (vt)	**wybrać**	['vɨbratʃ]
calculadora (f)	**kalkulator** (m)	[kaʎku'ʎatɔr]
correio (m) de voz	**sekretarka** (ż)	[sɛkrɛ'tarka]
despertador (m)	**budzik** (m)	['budʒik]
contatos (m pl)	**kontakty** (l.mn.)	[kɔn'taktɨ]
mensagem (f) de texto	**SMS** (m)	[ɛs ɛm ɛs]
assinante (m)	**abonent** (m)	[a'bɔnɛnt]

81. Estacionário

caneta (f)	**długopis** (m)	[dwu'gɔpis]
caneta (f) tinteiro	**pióro** (n)	['pyrɔ]
lápis (m)	**ołówek** (m)	[ɔ'wuvɛk]
marcador (m)	**marker** (m)	['markɛr]
caneta (f) de feltro	**flamaster** (m)	[fʎa'mastɛr]
bloco (m) de notas	**notes** (m)	['nɔtɛs]
agenda (f)	**kalendarz** (m)	[ka'lendaʃ]
régua (f)	**linijka** (ż)	[li'nijka]
calculadora (f)	**kalkulator** (m)	[kaʎku'ʎatɔr]
borracha (f)	**gumka** (ż)	['gumka]
pionés (m)	**pinezka** (ż)	[pi'nɛska]
clipe (m)	**spinacz** (m)	['spinatʃ]
cola (f)	**klej** (m)	[klej]
agrafador (m)	**zszywacz** (m)	['sʃɨvatʃ]
furador (m)	**dziurkacz** (m)	['dʒyrkatʃ]
afia-lápis (m)	**temperówka** (ż)	[tɛmpɛ'rufka]

82. Tipos de negócios

serviços (m pl) de contabilidade	**usługi** (l.mn.) **księgowe**	[us'wugi kɕɛ̃'gɔvɛ]
publicidade (f)	**reklama** (ż)	[rɛk'ʎama]
agência (f) de publicidade	**agencja** (ż) **reklamowa**	[a'gɛntsʰja rɛkʎamɔva]
ar (m) condicionado	**klimatyzatory** (l.mn.)	[klimatɨza'tɔrɨ]
companhia (f) aérea	**linie** (l.mn.) **lotnicze**	['liɲje lɜt'nitʃɛ]
bebidas (f pl) alcoólicas	**napoje** (l.mn.) **alkoholowe**	[na'pɔe aʎkɔhɔ'lɜvɛ]
comércio (m) de antiguidades	**antykwariat** (m)	[antɨk'varʰjat]

galeria (f) de arte	**galeria** (ż) **sztuki**	[ga'lɛr^{h}ja 'ʃtuki]
serviços (m pl) de auditoria	**usługi** (l.mn.) **audytorskie**	[us'wugi audɨ'tɔrskie]
negócios (m pl) bancários	**bankowość** (ż)	[ba'ŋkɔvɔɕʧ]
bar (m)	**bar** (m)	[bar]
salão (m) de beleza	**salon** (m) **piękności**	[sa'lɔn p^{j}ɛ̃k'nɔʃʧi]
livraria (f)	**księgarnia** (ż)	[kɕɛ̃'garɲa]
cervejaria (f)	**browar** (m)	['brɔvar]
centro (m) de escritórios	**centrum** (n) **biznesowe**	['ʦɛntrum biznɛ'sɔvɛ]
escola (f) de negócios	**szkoła** (ż) **biznesu**	['ʃkɔwa biz'nɛsu]
casino (m)	**kasyno** (n)	[ka'sɨnɔ]
construção (f)	**budownictwo** (n)	[budɔv'niʦtvɔ]
serviços (m pl) de consultoria	**konsultacje** (ż)	[kɔnsuʎ'taʦɨe]
estomatologia (f)	**stomatologia** (ż)	[stɔmatɔ'lɜg^{h}ja]
design (m)	**wzornictwo** (n)	[vzɔr'niʦtfɔ]
farmácia (f)	**apteka** (ż)	[ap'tɛka]
lavandaria (f)	**pralnia** (ż) **chemiczna**	['praʎɲa hɛ'miʧna]
agência (f) de emprego	**firma** (ż) **rekrutacyjna**	['firma rɛkruta'ʦɨjna]
serviços (m pl) financeiros	**usługi** (l.mn.) **finansowe**	[us'wugi finan'sɔvɛ]
alimentos (m pl)	**artykuły** (l.mn.) **żywnościowe**	[artɨ'kuwɨ ʒɨvnɔɕ'ʧɔvɛ]
agência (f) funerária	**zakład** (m) **pogrzebowy**	['zakwat pɔgʒɛ'bɔvɨ]
mobiliário (m)	**meble** (l.mn.)	['mɛble]
roupa (f)	**odzież** (ż)	['ɔʤeʃ]
hotel (m)	**hotel** (m)	['hɔtɛʎ]
gelado (m)	**lody** (l.mn.)	['lɜdɨ]
indústria (f)	**przemysł** (m)	['pʃɛmɨsw]
seguro (m)	**ubezpieczenie** (n)	[ubɛspet'ʃɛne]
internet (f)	**Internet** (m)	[in'tɛrnɛt]
investimento (m)	**inwestycje** (l.mn.)	[invɛs'tɨʦ^{h}e]
joalheiro (m)	**jubiler** (m)	[ju'biler]
joias (f pl)	**wyroby** (l.mn.) **jubilerskie**	[vɨ'rɔbɨ jubi'lerske]
lavandaria (f)	**pralnia** (ż)	['praʎɲa]
serviços (m pl) jurídicos	**usługi** (l.mn.) **prawne**	[us'wugi 'pravnɛ]
indústria (f) ligeira	**przemysł** (m) **lekki**	['pʃɛmɨsw 'lekki]
revista (f)	**czasopismo** (n)	[ʧasɔ'pismɔ]
vendas (f pl) por catálogo	**sprzedaż** (ż) **wysyłkowa**	['spʃɛdaʃ vɨsɨw'kɔva]
medicina (f)	**medycyna** (ż)	[mɛdɨ'ʦɨna]
cinema (m)	**kino** (n)	['kinɔ]
museu (m)	**muzeum** (n)	[mu'zɛum]
agência (f) de notícias	**agencja** (ż) **prasowa**	[a'gɛnʦ^{h}ja pra'sɔva]
jornal (m)	**gazeta** (ż)	[ga'zɛta]
clube (m) noturno	**klub** (m) **nocny**	[klyp 'nɔʦnɨ]
petróleo (m)	**ropa** (ż) **naftowa**	['rɔpa naf'tɔva]
serviço (m) de encomendas	**usługi** (l.mn.) **kurierskie**	[us'wugi kur^h'erske]
indústria (f) farmacêutica	**farmacja** (ż)	[far'maʦ^{h}ja]
poligrafia (f)	**poligrafia** (ż)	[pɔlig'raf^{h}ja]
editora (f)	**wydawnictwo** (n)	[vɨdav'niʦtfɔ]
rádio (m)	**radio** (n)	['rad^{h}ɜ]

imobiliário (m)	**nieruchomość** (ż)	[neru'hɔmɔɕtʃ]
restaurante (m)	**restauracja** (ż)	[rɛstau'ratsʰja]
empresa (f) de segurança	**agencja** (ż) **ochrony**	[a'gɛntsʰja ɔh'rɔnɨ]
desporto (m)	**sport** (m)	[spɔrt]
bolsa (f)	**giełda** (ż) **finansowa**	['gewda finan'sɔva]
loja (f)	**sklep** (m)	[sklep]
supermercado (m)	**supermarket** (m)	[supɛr'markɛt]
piscina (f)	**basen** (m)	['basɛn]
alfaiataria (f)	**atelier** (n)	[atɛ'ʎje]
televisão (f)	**telewizja** (ż)	[tɛle'vizʰja]
teatro (m)	**teatr** (m)	['tɛatr]
comércio (atividade)	**handel** (m)	['handɛʎ]
serviços (m pl) de transporte	**przewozy** (l.mn.)	[pʃɛ'vɔzɨ]
viagens (f pl)	**podróż** (ż)	['pɔdruʃ]
veterinário (m)	**weterynarz** (m)	[vɛtɛ'rɨnaʃ]
armazém (m)	**magazyn** (m)	[ma'gazɨn]
recolha (f) do lixo	**wywóz** (m) **śmieci**	['vɨvus 'ɕmetʃi]

Emprego. Negócios. Parte 2

83. Espetáculo. Feira

feira (f)	**wystawa** (ż)	[vɨs'tava]
feira (f) comercial	**wystawa** (ż) **handlowa**	[vɨs'tava hand'lɔva]
participação (f)	**udział** (m)	['udʒʲaw]
participar (vi)	**uczestniczyć**	[utʃɛst'nitʃɨtʃ]
participante (m)	**uczestnik** (m)	[ut'ʃɛstnik]
diretor (m)	**dyrektor** (m)	[dɨ'rɛktɔr]
direção (f)	**dyrekcja** (ż)	[dɨ'rɛktsʰja]
organizador (m)	**organizator** (m)	[ɔrgani'zatɔr]
organizar (vt)	**organizować**	[ɔrgani'zɔvatʃ]
ficha (f) de inscrição	**zgłoszenie** (n) **udziału**	[zgwɔ'ʃɛne u'dʒʲawu]
preencher (vt)	**wypełnić**	[vɨ'pɛwnitʃ]
detalhes (m pl)	**detale** (l.mn.)	[dɛ'tale]
informação (f)	**informacja** (ż)	[infɔr'matsʰja]
preço (m)	**cena** (ż)	['tsɛna]
incluindo	**inkluzja**	[iŋk'lyzija]
incluir (vt)	**wliczać**	['vlitʃatʃ]
pagar (vt)	**płacić**	['pwatʃitʃ]
taxa (f) de inscrição	**wpisowe** (n)	[fpi'sɔvɛ]
entrada (f)	**wejście** (n)	['vɛjɕtʃe]
pavilhão (m)	**pawilon** (m)	[pa'vilɔn]
inscrever (vt)	**rejestrować**	[rɛest'rɔvatʃ]
crachá (m)	**plakietka** (ż)	[pʎa'ketka]
stand (m)	**stoisko** (n)	[stɔ'iskɔ]
reservar (vt)	**rezerwować**	[rɛzɛr'vɔvatʃ]
vitrina (f)	**witryna** (ż)	[vit'rɨna]
foco, spot (m)	**lampka** (ż)	['ʎampka]
design (m)	**wzornictwo** (n)	[vzɔr'nitstfɔ]
pôr, colocar (vt)	**umieszczać**	[u'meʃtʃatʃ]
distribuidor (m)	**dystrybutor** (m)	[dɨstrɨ'butɔr]
fornecedor (m)	**dostawca** (m)	[dɔs'tafsa]
país (m)	**kraj** (m)	[kraj]
estrangeiro	**zagraniczny**	[zagra'nitʃnɨ]
produto (m)	**produkt** (m)	['prɔdukt]
associação (f)	**stowarzyszenie** (n)	[stɔvaʒɨ'ʃɛne]
sala (f) de conferências	**sala** (ż) **konferencyjna**	['saʎa kɔnfɛrɛn'tsɨjna]
congresso (m)	**kongres** (m)	['kɔŋrɛs]

concurso (m)	**konkurs** (m)	['kɔŋkurs]
visitante (m)	**zwiedzający** (m)	[zvedzaɔ̃tsɨ]
visitar (vt)	**zwiedzać**	['zvedzatʃ]
cliente (m)	**zamawiający** (m)	[zamavjaɔ̃tsɨ]

84. Ciência. Investigação. Cientistas

ciência (f)	**nauka** (ż)	[na'uka]
científico	**naukowy**	[nau'kɔvɨ]
cientista (m)	**naukowiec** (m)	[nau'kɔvets]
teoria (f)	**teoria** (ż)	[tɛ'ɔrʰja]
axioma (m)	**aksjomat** (m)	[aks'jɔmat]
análise (f)	**analiza** (ż)	[ana'liza]
analisar (vt)	**analizować**	[anali'zɔvatʃ]
argumento (m)	**argument** (m)	[ar'gumɛnt]
substância (f)	**substancja** (ż)	[sups'tantsʰja]
hipótese (f)	**hipoteza** (ż)	[hipɔ'tɛza]
dilema (m)	**dylemat** (m)	[dɨ'lemat]
tese (f)	**rozprawa** (ż)	[rɔsp'rava]
dogma (m)	**dogmat** (m)	['dɔgmat]
doutrina (f)	**doktryna** (ż)	[dɔkt'rɨna]
pesquisa (f)	**badanie** (ż)	[ba'dane]
pesquisar (vt)	**badać**	['badatʃ]
teste (m)	**testowanie** (n)	[tɛstɔ'vane]
laboratório (m)	**laboratorium** (n)	[ʎabɔra'tɔrʰjum]
método (m)	**metoda** (ż)	[mɛ'tɔda]
molécula (f)	**molekuła** (ż)	[mɔle'kuwa]
monitoramento (m)	**monitorowanie** (n)	[mɔnitɔrɔ'vane]
descoberta (f)	**odkrycie** (n)	[ɔtk'rɨtʃe]
postulado (m)	**postulat** (m)	[pɔs'tuʎat]
princípio (m)	**zasada** (ż)	[za'sada]
prognóstico (previsão)	**prognoza** (ż)	[prɔg'nɔza]
prognosticar (vt)	**prognozować**	[prɔgnɔ'zɔvatʃ]
síntese (f)	**synteza** (ż)	[sɨn'tɛza]
tendência (f)	**tendencja** (ż)	[tɛn'dɛntsʰja]
teorema (m)	**teoremat** (m)	[tɛɔ'rɛmat]
ensinamentos (m pl)	**nauczanie** (n)	[naut'ʃane]
facto (m)	**fakt** (m)	[fakt]
expedição (f)	**ekspedycja** (ż)	[ɛkspɛ'dɨtsʰja]
experiência (f)	**eksperyment** (m)	[ɛkspɛ'rɨmɛnt]
académico (m)	**akademik** (m)	[aka'dɛmik]
bacharel (m)	**bakałarz** (m)	[ba'kawaʃ]
doutor (m)	**doktor** (m)	['dɔktɔr]
docente (m)	**docent** (m)	['dɔtsɛnt]
mestre (m)	**magister** (m)	[ma'gistɛr]
professor (m) catedrático	**profesor** (m)	[prɔ'fɛsɔr]

Profissões e ocupações

85. Procura de emprego. Demissão

trabalho (m)	**praca** (ż)	['pratsa]
equipa (f)	**etat** (m)	['ɛtat]
carreira (f)	**kariera** (ż)	[karʰ'era]
perspetivas (f pl)	**perspektywa** (ż)	[pɛrspɛk'tɨva]
mestria (f)	**profesjonalizm** (m)	[prɔfɛsʰʒ'nalizm]
seleção (f)	**wybór** (m)	['vɨbur]
agência (f) de emprego	**agencja** (ż) **rekrutacyjna**	[a'gɛntsʰja rɛkruta'tsɨjna]
CV, currículo (m)	**CV** (n), **życiorys** (m)	[tsɛ 'fau], [ʒɨ'tʃɔrɨs]
entrevista (f) de emprego	**rozmowa** (ż) **kwalifikacyjna**	[rɔz'mɔva kfalifika'tsɨjna]
vaga (f)	**wakat** (m)	['vakat]
salário (m)	**pensja** (ż)	['pɛnsʰja]
salário (m) fixo	**stałe wynagrodzenie** (n)	['stawɛ vɨnagrɔ'dzɛne]
pagamento (m)	**opłata** (ż)	[ɔp'wata]
posto (m)	**stanowisko** (n)	[stanɔ'viskɔ]
dever (do empregado)	**obowiązek** (m)	[ɔbɔvɔ̃zɛk]
gama (f) de deveres	**zakres** (m) **obowiazkow**	['zakrɛs ɔbɔ'vʲazkɔf]
ocupado	**zajęty**	[za'entɨ]
despedir, demitir (vt)	**zwolnić**	['zvɔʎnitʃ]
demissão (f)	**zwolnienie** (n)	[zvɔʎ'nene]
desemprego (m)	**bezrobocie** (n)	[bɛzrɔ'bɔtʃe]
desempregado (m)	**bezrobotny** (m)	[bɛzrɔ'bɔtnɨ]
reforma (f)	**emerytura** (ż)	[ɛmɛrɨ'tura]
reformar-se	**przejść na emeryturę**	['pʃɛjɕtʃ na ɛmɛrɨ'turɛ̃]

86. Gente de negócios

diretor (m)	**dyrektor** (m)	[dɨ'rɛktɔr]
gerente (m)	**kierownik** (m)	[ke'rɔvnik]
patrão, chefe (m)	**szef** (m)	[ʃɛf]
superior (m)	**kierownik** (m)	[ke'rɔvnik]
superiores (m pl)	**kierownictwo** (n)	[kerɔv'nitstfɔ]
presidente (m)	**prezes** (m)	['prɛzɛs]
presidente (m) de direção	**przewodniczący** (m)	[pʃɛvɔdnit'ʃɔ̃tsɨ]
substituto (m)	**zastępca** (m)	[zas'tɛ̃ptsa]
assistente (m)	**pomocnik** (m)	[pɔ'mɔtsnik]
secretário (m)	**sekretarka** (ż)	[sɛkrɛ'tarka]

secretário (m) pessoal	**sekretarz** (m) **osobisty**	[sɛk'rɛtaʃ ɔsɔ'bistɨ]
homem (m) de negócios	**biznesmen** (m)	['biznɛsmɛn]
empresário (m)	**przedsiębiorca** (m)	[pʃɛdɕɛ̃'bɜrtsa]
fundador (m)	**założyciel** (m)	[zawɔ'ʒɨtʃeʎ]
fundar (vt)	**założyć**	[za'wɔʒɨtʃ]
fundador, sócio (m)	**wspólnik** (m)	['fspɔʎnik]
parceiro, sócio (m)	**partner** (m)	['partnɛr]
acionista (m)	**akcjonariusz** (m)	[aktsʰɜ'narʰjuʃ]
milionário (m)	**milioner** (m)	[mi'ʎjɔnɛr]
bilionário (m)	**miliarder** (m)	[mi'ʎjardɛr]
proprietário (m)	**właściciel** (m)	[vwaɕ'tʃitʃeʎ]
proprietário (m) de terras	**właściciel** (m) **ziemski**	[vwaɕ'tʃitʃeʎ 'ʒemski]
cliente (m)	**klient** (m)	['klient]
cliente (m) habitual	**stały klient** (m)	['stawɨ 'klient]
comprador (m)	**kupujący** (m)	[kupuɔ̃tsɨ]
visitante (m)	**zwiedzający** (m)	[zvedzaɔ̃tsɨ]
profissional (m)	**profesjonalista** (m)	[prɔfɛsʰɜna'lista]
perito (m)	**ekspert** (m)	['ɛkspɛrt]
especialista (m)	**specjalista** (m)	[spɛtsʰja'lista]
banqueiro (m)	**bankier** (m)	['baŋker]
corretor (m)	**broker** (m)	['brɔkɛr]
caixa (m, f)	**kasjer** (m), **kasjerka** (ż)	['kasʰer], [kasʰ'erka]
contabilista (m)	**księgowy** (m)	[kɕɛ̃'gɔvɨ]
guarda (m)	**ochroniarz** (m)	[ɔh'rɔɲaʃ]
investidor (m)	**inwestor** (m)	[in'vɛstɔr]
devedor (m)	**dłużnik** (m)	['dwuʒnik]
credor (m)	**kredytodawca** (m)	[krɛdɨtɔ'daftsa]
mutuário (m)	**pożyczkobiorca** (m)	[pɔʒɨtʃkɔ'bɜrtsa]
importador (m)	**importer** (m)	[im'pɔrtɛr]
exportador (m)	**eksporter** (m)	[ɛks'pɔrtɛr]
produtor (m)	**producent** (m)	[prɔ'dutsɛnt]
distribuidor (m)	**dystrybutor** (m)	[dɨstrɨ'butɔr]
intermediário (m)	**pośrednik** (m)	[pɔɕ'rɛdnik]
consultor (m)	**konsultant** (m)	[kɔn'suʎtant]
representante (m)	**przedstawiciel** (m)	[pʃɛtsta'vitʃeʎ]
agente (m)	**agent** (m)	['agɛnt]
agente (m) de seguros	**agent** (m) **ubezpieczeniowy**	['agent ubɛspetʃɛ'nɜvɨ]

87. Profissões de serviços

cozinheiro (m)	**kucharz** (m)	['kuhaʃ]
cozinheiro chefe (m)	**szef** (m) **kuchni**	[ʃɛf 'kuhni]
padeiro (m)	**piekarz** (m)	['pekaʃ]
barman (m)	**barman** (m)	['barman]

empregado (m) de mesa	**kelner** (m)	['kɛʎnɛr]
empregada (f) de mesa	**kelnerka** (ż)	[kɛʎ'nɛrka]
advogado (m)	**adwokat** (m)	[ad'vɔkat]
jurista (m)	**prawnik** (m)	['pravnik]
notário (m)	**notariusz** (m)	[nɔ'tarʰjuʃ]
eletricista (m)	**elektryk** (m)	[ɛ'lektrɨk]
canalizador (m)	**hydraulik** (m)	[hɨd'raulik]
carpinteiro (m)	**cieśla** (m)	['ʧeɕʎa]
massagista (m)	**masażysta** (m)	[masa'ʒɨsta]
massagista (f)	**masażystka** (ż)	[masa'ʒɨstka]
médico (m)	**lekarz** (m)	['lekaʃ]
taxista (m)	**taksówkarz** (m)	[tak'sufkaʃ]
condutor (automobilista)	**kierowca** (m)	[ke'rɔftsa]
entregador (m)	**kurier** (m)	['kurʰer]
camareira (f)	**pokojówka** (ż)	[pɔkɔ'jufka]
guarda (m)	**ochroniarz** (m)	[ɔh'rɔɲaʃ]
hospedeira (f) de bordo	**stewardessa** (ż)	[stʰjuar'dɛsa]
professor (m)	**nauczyciel** (m)	[naut'ʃɨʧeʎ]
bibliotecário (m)	**bibliotekarz** (m)	[bibʎʲɔ'tɛkaʃ]
tradutor (m)	**tłumacz** (m)	['twumatʃ]
intérprete (m)	**tłumacz** (m)	['twumatʃ]
guia (pessoa)	**przewodnik** (m)	[pʃɛ'vɔdnik]
cabeleireiro (m)	**fryzjer** (m)	['frɨzʰer]
carteiro (m)	**listonosz** (m)	[lis'tɔnɔʃ]
vendedor (m)	**sprzedawca** (m)	[spʃɛ'daftsa]
jardineiro (m)	**ogrodnik** (m)	[ɔg'rɔdnik]
criado (m)	**służący** (m)	[swu'ʒɔ̃tsɨ]
criada (f)	**służąca** (ż)	[swu'ʒɔ̃tsa]
empregada (f) de limpeza	**sprzątaczka** (ż)	[spʃɔ̃'tatʃka]

88. Profissões militares e postos

soldado (m) raso	**szeregowy** (m)	[ʃɛrɛ'gɔvɨ]
sargento (m)	**sierżant** (m)	['ɕerʒant]
tenente (m)	**podporucznik** (m)	[pɔtpɔ'rutʃnik]
capitão (m)	**kapitan** (m)	[ka'pitan]
major (m)	**major** (m)	['majɔr]
coronel (m)	**pułkownik** (m)	[puw'kɔvnik]
general (m)	**generał** (m)	[gɛ'nɛraw]
marechal (m)	**marszałek** (m)	[mar'ʃawɛk]
almirante (m)	**admirał** (m)	[ad'miraw]
militar (m)	**wojskowy** (m)	[vɔjs'kɔvɨ]
soldado (m)	**żołnierz** (m)	['ʒɔwneʃ]
oficial (m)	**oficer** (m)	[ɔ'fitsɛr]

comandante (m)	**dowódca** (m)	[dɔ'vuttsa]
guarda (m) fronteiriço	**pogranicznik** (m)	[pɔgra'nitʃnik]
operador (m) de rádio	**radiooperator** (m)	[radʰɜ:pɛ'ratɔr]
explorador (m)	**zwiadowca** (m)	[zvʲa'dɔftsa]
sapador (m)	**saper** (m)	['sapɛr]
atirador (m)	**strzelec** (m)	['stʃɛlets]
navegador (m)	**nawigator** (m)	[navi'gatɔr]

89. Oficiais. Padres

rei (m)	**król** (m)	[kruʎ]
rainha (f)	**królowa** (ż)	[kru'lɜva]
príncipe (m)	**książę** (m)	[kɕɔ̃ʒɛ̃]
princesa (f)	**księżniczka** (ż)	[kɕɛ̃ʒ'nitʃka]
czar (m)	**car** (m)	[tsar]
czarina (f)	**caryca** (ż)	[tsa'rɨtsa]
presidente (m)	**prezydent** (m)	[prɛ'zɨdɛnt]
ministro (m)	**minister** (m)	[mi'nistɛr]
primeiro-ministro (m)	**premier** (m)	['prɛmʰer]
senador (m)	**senator** (m)	[sɛ'natɔr]
diplomata (m)	**dyplomata** (m)	[dɨplɜ'mata]
cônsul (m)	**konsul** (m)	['kɔnsuʎ]
embaixador (m)	**ambasador** (m)	[amba'sadɔr]
conselheiro (m)	**doradca** (m)	[dɔ'rattsa]
funcionário (m)	**pracownik** (m)	[pra'tsɔvnik]
prefeito (m)	**burmistrz** (m) **dzielnicy**	['burmistʃ dʒeʎ'nitsɨ]
Presidente (m) da Câmara	**mer** (m)	[mɛr]
juiz (m)	**sędzia** (m)	['sɛ̃dʒʲa]
procurador (m)	**prokurator** (m)	[prɔku'ratɔr]
missionário (m)	**misjonarz** (m)	[misʰɜnaʃ]
monge (m)	**zakonnik** (m)	[za'kɔŋik]
abade (m)	**opat** (m)	['ɔpat]
rabino (m)	**rabin** (m)	['rabin]
vizir (m)	**wezyr** (m)	['vɛzɨr]
xá (m)	**szach** (m)	[ʃah]
xeque (m)	**szejk** (m)	[ʃɛjk]

90. Profissões agrícolas

apicultor (m)	**pszczelarz** (m)	['pʃtʃɛʎaʃ]
pastor (m)	**pastuch** (m)	['pastuh]
agrónomo (m)	**agronom** (m)	[ag'rɔnɔm]
criador (m) de gado	**hodowca** (m) **zwierząt**	[hɔ'dɔfsa 'zveʒɔ̃t]
veterinário (m)	**weterynarz** (m)	[vɛtɛ'rɨnaʃ]

agricultor (m)	**farmer** (m)	['farmɛr]
vinicultor (m)	**winiarz** (m)	['viɲaʃ]
zoólogo (m)	**zoolog** (m)	[zɔ'ɔlɜk]
cowboy (m)	**kowboj** (m)	['kɔvbɔj]

91. Profissões artísticas

ator (m)	**aktor** (m)	['aktɔr]
atriz (f)	**aktorka** (ż)	[ak'tɔrka]
cantor (m)	**śpiewak** (m)	['ɕpevak]
cantora (f)	**śpiewaczka** (ż)	[ɕpe'vatʃka]
bailarino (m)	**tancerz** (m)	['tanʦɛʃ]
bailarina (f)	**tancerka** (ż)	[tan'ʦɛrka]
artista (m)	**artysta** (m)	[ar'tɨsta]
artista (f)	**artystka** (ż)	[ar'tɨstka]
músico (m)	**muzyk** (m)	['muzɨk]
pianista (m)	**pianista** (m)	[pʰja'nista]
guitarrista (m)	**gitarzysta** (m)	[gita'ʒɨsta]
maestro (m)	**dyrygent** (m)	[dɨ'rɨgɛnt]
compositor (m)	**kompozytor** (m)	[kɔmpɔ'zɨtɔr]
empresário (m)	**impresario** (m)	[imprɛ'sarʰɔ]
realizador (m)	**reżyser** (m)	[rɛ'ʒɨsɛr]
produtor (m)	**producent** (m)	[prɔ'duʦɛnt]
argumentista (m)	**scenarzysta** (m)	[sʦɛna'ʒɨsta]
crítico (m)	**krytyk** (m)	['krɨtɨk]
escritor (m)	**pisarz** (m)	['pisaʃ]
poeta (m)	**poeta** (m)	[pɔ'ɛta]
escultor (m)	**rzeźbiarz** (m)	['ʒɛʑʲbʲaʃ]
pintor (m)	**malarz** (m)	['maʎaʃ]
malabarista (m)	**żongler** (m)	['ʒɔŋler]
palhaço (m)	**klown** (m)	['kʎaun]
acrobata (m)	**akrobata** (m)	[akrɔ'bata]
mágico (m)	**sztukmistrz** (m)	['ʃtukmistʃ]

92. Várias profissões

médico (m)	**lekarz** (m)	['lekaʃ]
enfermeira (f)	**pielęgniarka** (ż)	[pelɛ̃g'ɲarka]
psiquiatra (m)	**psychiatra** (m)	[psɨhʰ'atra]
estomatologista (m)	**dentysta** (m)	[dɛn'tɨsta]
cirurgião (m)	**chirurg** (m)	['hirurk]
astronauta (m)	**astronauta** (m)	[astrɔ'nauta]
astrónomo (m)	**astronom** (m)	[ast'rɔnɔm]

motorista (m)	**kierowca** (m)	[ke'rɔftsa]
maquinista (m)	**maszynista** (m)	[maʃɨ'nista]
mecânico (m)	**mechanik** (m)	[mɛ'hanik]
mineiro (m)	**górnik** (m)	['gurnik]
operário (m)	**robotnik** (m)	[rɔ'bɔtnik]
serralheiro (m)	**ślusarz** (m)	['ɕlysaʃ]
marceneiro (m)	**stolarz** (m)	['stɔʎaʃ]
torneiro (m)	**tokarz** (m)	['tɔkaʃ]
construtor (m)	**budowniczy** (m)	[budɔv'nitʃɨ]
soldador (m)	**spawacz** (m)	['spavatʃ]
professor (m) catedrático	**profesor** (m)	[prɔ'fɛsɔr]
arquiteto (m)	**architekt** (m)	[ar'hitɛkt]
historiador (m)	**historyk** (m)	[his'tɔrɨk]
cientista (m)	**naukowiec** (m)	[nau'kɔvets]
físico (m)	**fizyk** (m)	['fizɨk]
químico (m)	**chemik** (m)	['hɛmik]
arqueólogo (m)	**archeolog** (m)	[arhɛ'ɔlɜk]
geólogo (m)	**geolog** (m)	[gɛ'ɔlɜk]
pesquisador (cientista)	**badacz** (m)	['badatʃ]
babysitter (f)	**opiekunka** (ż) **do dziecka**	[ɔpe'kuŋka dɔ 'dʒetska]
professor (m)	**pedagog** (m)	[pɛ'dagɔk]
redator (m)	**redaktor** (m)	[rɛ'daktɔr]
redator-chefe (m)	**redaktor** (m) **naczelny**	[rɛ'daktɔr nat'ʃɛʎnɨ]
correspondente (m)	**korespondent** (m)	[kɔrɛs'pɔndɛnt]
datilógrafa (f)	**maszynistka** (ż)	[maʃɨ'nistka]
designer (m)	**projektant** (m)	[prɔ'ektant]
especialista (m) em informática	**komputerowiec** (m)	[kɔmputɛ'rɔvets]
programador (m)	**programista** (m)	[prɔgra'mista]
engenheiro (m)	**inżynier** (m)	[in'ʒɨner]
marujo (m)	**marynarz** (m)	[ma'rɨnaʃ]
marinheiro (m)	**marynarz** (m)	[ma'rɨnaʃ]
salvador (m)	**ratownik** (m)	[ra'tɔvnik]
bombeiro (m)	**strażak** (m)	['straʒak]
polícia (m)	**policjant** (m)	[pɔ'litsʰjant]
guarda-noturno (m)	**stróż** (m)	[struʃ]
detetive (m)	**detektyw** (m)	[dɛ'tɛktɨv]
funcionário (m) da alfândega	**celnik** (m)	['tsɛʎnik]
guarda-costas (m)	**ochroniarz** (m)	[ɔh'rɔɲaʃ]
guarda (m) prisional	**nadzorca** (m)	[na'dzɔrtsa]
inspetor (m)	**inspektor** (m)	[ins'pɛktɔr]
desportista (m)	**sportowiec** (m)	[spɔr'tɔvets]
treinador (m)	**trener** (m)	['trɛnɛr]
talhante (m)	**rzeźnik** (m)	['ʒɛʑʲnik]
sapateiro (m)	**szewc** (m)	[ʃɛfts]
comerciante (m)	**handlowiec** (m)	[hand'lɜvets]

carregador (m)	**ładowacz** (m)	[wa'dɔvatʃ]
estilista (m)	**projektant** (m) **mody**	[prɔ'ektant 'mɔdɨ]
modelo (f)	**modelka** (ż)	[mɔ'dɛʎka]

93. Ocupações. Estatuto social

aluno, escolar (m)	**uczeń** (m)	['utʃɛɲ]
estudante (~ universitária)	**student** (m)	['studɛnt]
filósofo (m)	**filozof** (m)	[fi'lɜzɔf]
economista (m)	**ekonomista** (m)	[ɛkɔnɔ'mista]
inventor (m)	**wynalazca** (m)	[vɨna'ʎastsa]
desempregado (m)	**bezrobotny** (m)	[bɛzrɔ'bɔtnɨ]
reformado (m)	**emeryt** (m)	[ɛ'mɛrɨt]
espião (m)	**szpieg** (m)	[ʃpek]
preso (m)	**więzień** (m)	['veɲʒɛ̃]
grevista (m)	**strajkujący** (m)	[strajkuɔ̃tsɨ]
burocrata (m)	**biurokrata** (m)	[byrɔk'rata]
viajante (m)	**podróżnik** (m)	[pɔd'ruʒnik]
homossexual (m)	**homoseksualista** (m)	[hɔmɔsɛksua'lista]
hacker (m)	**haker** (m)	['hakɛr]
bandido (m)	**bandyta** (m)	[ban'dɨta]
assassino (m) a soldo	**płatny zabójca** (m)	['pwatnɨ za'bɔjtsa]
toxicodependente (m)	**narkoman** (m)	[nar'kɔman]
traficante (m)	**handlarz** (m) **narkotyków**	['handʎaʒ narkɔ'tɨkuf]
prostituta (f)	**prostytutka** (ż)	[prɔstɨ'tutka]
chulo (m)	**sutener** (m)	[su'tɛnɛr]
bruxo (m)	**czarodziej** (m)	[tʃa'rɔdʒej]
bruxa (f)	**czarodziejka** (ż)	[tʃarɔ'dʒejka]
pirata (m)	**pirat** (m)	['pirat]
escravo (m)	**niewolnik** (m)	[ne'vɔʎnik]
samurai (m)	**samuraj** (m)	[sa'muraj]
selvagem (m)	**dzikus** (m)	['dʒikus]

Educação

94. Escola

escola (f)	**szkoła** (ż)	['ʃkɔwa]
diretor (m) de escola	**dyrektor** (m) **szkoły**	[dɨ'rɛktɔr 'ʃkɔwɨ]
aluno (m)	**uczeń** (m)	['utʃɛɲ]
aluna (f)	**uczennica** (ż)	[utʃɛ'ŋitsa]
escolar (m)	**uczeń** (m)	['utʃɛɲ]
escolar (f)	**uczennica** (ż)	[utʃɛ'ŋitsa]
ensinar (vt)	**uczyć**	['utʃɨtʃ]
aprender (vt)	**uczyć się**	['utʃɨtʃ ɕɛ̃]
aprender de cor	**uczyć się na pamięć**	['utʃɨtʃ ɕɛ̃ na 'pamɛ̃tʃ]
estudar (vi)	**uczyć się**	['utʃɨtʃ ɕɛ̃]
andar na escola	**uczyć się**	['utʃɨtʃ ɕɛ̃]
ir à escola	**iść do szkoły**	[iɕtʃ dɔ 'ʃkɔwɨ]
alfabeto (m)	**alfabet** (m)	[aʎ'fabɛt]
disciplina (f)	**przedmiot** (m)	['pʃɛdmɜt]
sala (f) de aula	**klasa** (ż)	['kʎasa]
lição (f)	**lekcja** (ż)	['lektsʰja]
recreio (m)	**przerwa** (ż)	['pʃɛrva]
toque (m)	**dzwonek** (m)	['dzvɔnɛk]
carteira (f)	**ławka** (ż)	['wafka]
quadro (m) negro	**tablica** (ż)	[tab'litsa]
nota (f)	**ocena** (ż)	[ɔ'tsɛna]
boa nota (f)	**dobra ocena** (ż)	['dɔbra ɔ'tsɛna]
nota (f) baixa	**zła ocena** (ż)	[zwa ɔ'tsɛna]
dar uma nota	**wystawiać oceny**	[vɨs'tavʲatʃ ɔ'tsɛnɨ]
erro (m)	**błąd** (m)	[bwɔ̃t]
fazer erros	**robić błędy**	['rɔbitʃ 'bwɛndɨ]
corrigir (vt)	**poprawiać**	[pɔp'ravʲatʃ]
cábula (f)	**ściągawka** (ż)	[ɕtʃɔ̃'gafka]
dever (m) de casa	**praca** (ż) **domowa**	['pratsa dɔ'mɔva]
exercício (m)	**ćwiczenie** (n)	[tʃfit'ʃɛne]
estar presente	**być obecnym**	[bɨtʃ ɔ'bɛtsnɨm]
estar ausente	**być nieobecnym**	[bɨtʃ neɔ'bɛtsnɨm]
punir (vt)	**karać**	['karatʃ]
punição (f)	**kara** (ż)	['kara]
comportamento (m)	**zachowanie** (ż)	[zahɔ'vane]

boletim (m) escolar	**dziennik** (m) **szkolny**	['ʤɛɲik 'ʃkɔʎnɨ]
lápis (m)	**ołówek** (m)	[ɔ'wuvɛk]
borracha (f)	**gumka** (ż)	['gumka]
giz (m)	**kreda** (ż)	['krɛda]
estojo (m)	**piórnik** (m)	['pyrnik]
pasta (f) escolar	**teczka** (ż)	['tɛʧka]
caneta (f)	**długopis** (m)	[dwu'gɔpis]
caderno (m)	**zeszyt** (m)	['zɛʃɨt]
manual (m) escolar	**podręcznik** (m)	[pɔd'rɛnʧnik]
compasso (m)	**cyrkiel** (m)	['ʦɨrkeʎ]
traçar (vt)	**szkicować**	[ʃki'ʦɔvaʧ]
desenho (m) técnico	**rysunek** (m) **techniczny**	[rɨ'sunɛk tɛh'niʧnɛ]
poesia (f)	**wiersz** (m)	[verʃ]
de cor	**na pamięć**	[na 'pamɛ̃ʧ]
aprender de cor	**uczyć się na pamięć**	['uʧɨʧ ɕɛ̃ na 'pamɛ̃ʧ]
férias (f pl)	**ferie** (l.mn.)	['ferʰe]
estar de férias	**być na feriach**	[bɨʧ na 'fɛrʰjah]
teste (m)	**sprawdzian** (m)	['spravʤʲan]
composição, redação (f)	**wypracowanie** (n)	[vɨpraʦɔ'vane]
ditado (m)	**dyktando** (n)	[dɨk'tandɔ]
exame (m)	**egzamin** (m)	[ɛg'zamin]
fazer exame	**zdawać egzaminy**	['zdavaʧ ɛgza'minɨ]
experiência (~ química)	**eksperyment** (m)	[ɛkspɛ'rɨmɛnt]

95. Colégio. Universidade

academia (f)	**akademia** (ż)	[aka'dɛmʰja]
universidade (f)	**uniwersytet** (m)	[uni'vɛrsɨtɛt]
faculdade (f)	**wydział** (m)	['vɨʤʲaw]
estudante (m)	**student** (m)	['studɛnt]
estudante (f)	**studentka** (ż)	[stu'dɛntka]
professor (m)	**wykładowca** (m)	[vɨkwa'dɔfʦa]
sala (f) de palestras	**sala** (ż)	['saʎa]
graduado (m)	**absolwent** (m)	[ab'sɔʎvɛnt]
diploma (m)	**dyplom** (ż)	['dɨplɜm]
tese (f)	**rozprawa** (ż)	[rɔsp'rava]
estudo (obra)	**studium** (n)	['studʰjum]
laboratório (m)	**laboratorium** (n)	[ʎabɔra'tɔrʰjum]
palestra (f)	**wykład** (m)	['vɨkwat]
colega (m) de curso	**kolega** (m) **z roku**	[kɔ'lega z 'rɔku]
bolsa (f) de estudos	**stypendium** (n)	[stɨ'pɛndʰjum]
grau (m) académico	**stopień** (m) **naukowy**	['stɔpeɲ nau'kɔvɨ]

96. Ciências. Disciplinas

matemática (f)	**matematyka** (ż)	[matɛ'matɨka]
álgebra (f)	**algebra** (ż)	[aʎ'gɛbra]
geometria (f)	**geometria** (ż)	[gɛɔ'mɛtrʰja]
astronomia (f)	**astronomia** (ż)	[astrɔ'nɔmʰja]
biologia (f)	**biologia** (ż)	[bʰɔ'lɜgʰja]
geografia (f)	**geografia** (ż)	[gɛɔg'rafʰja]
geologia (f)	**geologia** (ż)	[gɛɔ'lɜgʰja]
história (f)	**historia** (ż)	[his'tɔrʰja]
medicina (f)	**medycyna** (ż)	[mɛdɨ'ʦɨna]
pedagogia (f)	**pedagogika** (ż)	[pɛda'gɔgika]
direito (m)	**prawo** (n)	['pravɔ]
física (f)	**fizyka** (ż)	['fizɨka]
química (f)	**chemia** (ż)	['hɛmʰja]
filosofia (f)	**filozofia** (ż)	[filɜ'zɔfʰja]
psicologia (f)	**psychologia** (ż)	[psɨhɔ'lɜgʰja]

97. Sistema de escrita. Ortografia

gramática (f)	**gramatyka** (ż)	[gra'matɨka]
vocabulário (m)	**słownictwo** (n)	[swɔv'niʦtfɔ]
fonética (f)	**fonetyka** (ż)	[fɔ'nɛtɨka]
substantivo (m)	**rzeczownik** (m)	[ʒɛt'ʃɔvnik]
adjetivo (m)	**przymiotnik** (m)	[pʃɨ'm3tnik]
verbo (m)	**czasownik** (m)	[ʧa'sɔvnik]
advérbio (m)	**przysłówek** (m)	[pʃɨs'wuvɛk]
pronome (m)	**zaimek** (m)	[za'imɛk]
interjeição (f)	**wykrzyknik** (m)	[vɨk'ʃɨknik]
preposição (f)	**przyimek** (m)	[pʃɨ'imɛk]
raiz (f) da palavra	**rdzeń** (m) **słowa**	[rʤɛɲ 'swɔva]
terminação (f)	**końcówka** (ż)	[kɔɲ'ʦufka]
prefixo (m)	**prefiks** (m)	['prɛfiks]
sílaba (f)	**sylaba** (ż)	[sɨ'ʎaba]
sufixo (m)	**sufiks** (m)	['sufiks]
acento (m)	**akcent** (m)	['akʦɛnt]
apóstrofo (m)	**apostrof** (m)	[a'pɔstrɔf]
ponto (m)	**kropka** (ż)	['krɔpka]
vírgula (f)	**przecinek** (m)	[pʃɛ'ʧinɛk]
ponto e vírgula (m)	**średnik** (m)	['ɕrɛdnik]
dois pontos (m pl)	**dwukropek** (m)	[dvuk'rɔpɛk]
reticências (f pl)	**wielokropek** (m)	[velɜk'rɔpɛk]
ponto (m) de interrogação	**znak** (m) **zapytania**	[znak zapɨ'taɲa]
ponto (m) de exclamação	**wykrzyknik** (m)	[vɨk'ʃɨknik]

aspas (f pl)	**cudzysłów** (m)	[tsu'dziswuf]
entre aspas	**w cudzysłowie**	[f tsudzis'wɔve]
parênteses (m pl)	**nawias** (m)	['navʲas]
entre parênteses	**w nawiasie**	[v na'vʲaɕe]
hífen (m)	**łącznik** (m)	['wɔ̃tʃnik]
travessão (m)	**myślnik** (m)	['miɕʎnik]
espaço (m)	**odstęp** (m)	['ɔtstɛ̃p]
letra (f)	**litera** (ż)	[li'tɛra]
letra (f) maiúscula	**wielka litera** (ż)	['veʎka li'tɛra]
vogal (f)	**samogłoska** (ż)	[samɔg'wɔska]
consoante (f)	**spółgłoska** (ż)	[spuwg'wɔska]
frase (f)	**zdanie** (n)	['zdane]
sujeito (m)	**podmiot** (m)	['pɔdmɜt]
predicado (m)	**orzeczenie** (n)	[ɔʒɛt'ʃɛne]
linha (f)	**linijka** (n)	[li'nijka]
em uma nova linha	**od nowej linii**	[ɔd 'nɔvɛj 'lini:]
parágrafo (m)	**akapit** (m)	[a'kapit]
palavra (f)	**słowo** (n)	['swɔvɔ]
grupo (m) de palavras	**połączenie** (n) **wyrazowe**	[pɔwɔ̃t'ʃɛne vira'zɔvɛ]
expressão (f)	**wyrażenie** (n)	[vira'ʒɛne]
sinónimo (m)	**synonim** (m)	[si'nɔnim]
antónimo (m)	**antonim** (m)	[an'tɔnim]
regra (f)	**reguła** (ż)	[rɛ'guwa]
exceção (f)	**wyjątek** (m)	[viɔ̃tɛk]
correto	**poprawny**	[pɔp'ravni]
conjugação (f)	**koniugacja** (ż)	[kɔnʰju'gatsʰja]
declinação (f)	**deklinacja** (ż)	[dɛkli'natsʰja]
caso (m)	**przypadek** (m)	[pʃi'padɛk]
pergunta (f)	**pytanie** (n)	[pi'tane]
sublinhar (vt)	**podkreślić**	[pɔtk'rɛɕlitʃ]
linha (f) pontilhada	**linia** (ż) **przerywana**	['liɲja pʃɛri'vana]

98. Línguas estrangeiras

língua (f)	**język** (m)	['enzik]
língua (f) estrangeira	**obcy język** (m)	['ɔbtsi 'enzik]
estudar (vt)	**studiować**	[studʰɜvatʃ]
aprender (vt)	**uczyć się**	['utʃitʃ ɕɛ̃]
ler (vt)	**czytać**	['tʃitatʃ]
falar (vi)	**mówić**	['muvitʃ]
compreender (vt)	**rozumieć**	[rɔ'zumetʃ]
escrever (vt)	**pisać**	['pisatʃ]
rapidamente	**szybko**	['ʃipkɔ]
devagar	**wolno**	['vɔʎnɔ]

fluentemente	**swobodnie**	[sfɔ'bɔdne]
regras (f pl)	**reguły** (l.mn.)	[rɛ'guwɨ]
gramática (f)	**gramatyka** (ż)	[gra'matɨka]
vocabulário (m)	**słownictwo** (n)	[swɔv'nitstfɔ]
fonética (f)	**fonetyka** (ż)	[fɔ'nɛtɨka]
manual (m) escolar	**podręcznik** (m)	[pɔd'rɛntʃnik]
dicionário (m)	**słownik** (m)	['swɔvnik]
manual (m) de autoaprendizagem	**samouczek** (m)	[samɔ'utʃɛk]
guia (m) de conversação	**rozmówki** (l.mn.)	[rɔz'mufki]
cassete (f)	**kaseta** (ż)	[ka'sɛta]
vídeo cassete (m)	**kaseta** (ż) **wideo**	[ka'sɛta vi'dɛɔ]
CD (m)	**płyta CD** (ż)	['pwɨta si'di]
DVD (m)	**płyta DVD** (ż)	['pwɨta divi'di]
alfabeto (m)	**alfabet** (m)	[aʎ'fabɛt]
soletrar (vt)	**przeliterować**	[pʃɛlite'rɔvatʃ]
pronúncia (f)	**wymowa** (ż)	[vɨ'mɔva]
sotaque (m)	**akcent** (m)	['aktsɛnt]
com sotaque	**z akcentem**	[z ak'tsɛntɛm]
sem sotaque	**bez akcentu**	[bɛz ak'tsɛntu]
palavra (f)	**wyraz** (m), **słowo** (n)	['vɨras], ['svɔvɔ]
sentido (m)	**znaczenie** (n)	[zna'tʃɛnie]
cursos (m pl)	**kurs** (m)	[kurs]
inscrever-se (vr)	**zapisać się**	[za'pisatʃ ɕɛ̃]
professor (m)	**wykładowca** (m)	[vɨkwa'dɔftsa]
tradução (processo)	**tłumaczenie** (n)	[twumat'ʃɛne]
tradução (texto)	**przekład** (m)	['pʃɛkwat]
tradutor (m)	**tłumacz** (m)	['twumatʃ]
intérprete (m)	**tłumacz** (m)	['twumatʃ]
poliglota (m)	**poliglota** (m)	[pɔlig'lɜta]
memória (f)	**pamięć** (ż)	['pamɛ̃tʃ]

Descanso. Entretenimento. Viagens

99. Viagens

turismo (m)	**turystyka** (ż)	[tu'rɨstɨka]
turista (m)	**turysta** (m)	[tu'rɨsta]
viagem (f)	**podróż** (ż)	['pɔdruʃ]
aventura (f)	**przygoda** (ż)	[pʃɨ'gɔda]
viagem (f)	**podróż** (ż)	['pɔdruʃ]
férias (f pl)	**urlop** (m)	['urlɜp]
estar de férias	**być na urlopie**	[bɨʧ na ur'lɜpe]
descanso (m)	**wypoczynek** (m)	[vɨpɔt'ʃɨnɛk]
comboio (m)	**pociąg** (m)	['pɔʧɔ̃k]
de comboio (chegar ~)	**pociągiem**	[pɔʧɔ̃gem]
avião (m)	**samolot** (m)	[sa'mɔlɜt]
de avião	**samolotem**	[samɔ'lɜtɛm]
de carro	**samochodem**	[samɔ'hɔdɛm]
de navio	**statkiem**	['statkem]
bagagem (f)	**bagaż** (m)	['bagaʃ]
mala (f)	**walizka** (ż)	[va'liska]
carrinho (m)	**wózek** (m) **bagażowy**	['vuzɛk baga'ʒɔvɨ]
passaporte (m)	**paszport** (m)	['paʃpɔrt]
visto (m)	**wiza** (ż)	['viza]
bilhete (m)	**bilet** (m)	['bilet]
bilhete (m) de avião	**bilet** (m) **lotniczy**	['bilet lɜt'niʧɨ]
guia (m) de viagem	**przewodnik** (m)	[pʃɛ'vɔdnik]
mapa (m)	**mapa** (ż)	['mapa]
local (m), area (f)	**miejscowość** (ż)	[mejs'ʦɔvɔɕʧ]
lugar, sítio (m)	**miejsce** (n)	['mejsʦɛ]
exotismo (m)	**egzotyka** (ż)	[ɛg'zɔtɨka]
exótico	**egzotyczny**	[ɛgzɔ'tɨʧnɨ]
surpreendente	**zadziwiający**	[zaʤivjaɔ̃ʦɨ]
grupo (m)	**grupa** (ż)	['grupa]
excursão (f)	**wycieczka** (ż)	[vɨ'ʧeʧka]
guia (m)	**przewodnik** (ż)	[pʃɛ'vɔdnik]

100. Hotel

hotel (m)	**hotel** (m)	['hɔtɛʎ]
motel (m)	**motel** (m)	['mɔtɛʎ]
três estrelas	**trzy gwiazdki**	[ʧɨ 'gvʲaztki]

cinco estrelas	**pięć gwiazdek**	[pɛ̃ʧ 'gvʲazdɛk]
ficar (~ num hotel)	**zatrzymać się**	[zat'ʃɨmaʧ ɕɛ̃]
quarto (m)	**pokój** (m)	['pɔkuj]
quarto (m) individual	**pokój** (m) **jednoosobowy**	['pɔkuj ednɔ:sɔ'bɔvɨ]
quarto (m) duplo	**pokój** (m) **dwuosobowy**	['pɔkuj dvuɔsɔ'bɔvɨ]
reservar um quarto	**rezerwować pokój**	[rɛzɛr'vɔvaʧ 'pɔkuj]
meia pensão (f)	**wyżywienie** (n) **Half Board**	[vɨʒɨ'vene haf bɔrd]
pensão (f) completa	**pełne** (n) **wyżywienie**	['pɛwnɛ vɨʒɨvi'ene]
com banheira	**z łazienką**	[z wa'ʒenkɔ̃]
com duche	**z prysznicem**	[z prɨʃ'niʦɛm]
televisão (m) satélite	**telewizja** (ż) **satelitarna**	[tɛle'vizʰja satɛli'tarna]
ar (m) condicionado	**klimatyzator** (m)	[klimatɨ'zatɔr]
toalha (f)	**ręcznik** (m)	['rɛnʧnik]
chave (f)	**klucz** (m)	[klyʧ]
administrador (m)	**administrator** (m)	[administ'ratɔr]
camareira (f)	**pokojówka** (ż)	[pɔkɔ'jufka]
bagageiro (m)	**tragarz** (m)	['tragaʃ]
porteiro (m)	**odźwierny** (m)	[ɔd'vjernɨ]
restaurante (m)	**restauracja** (ż)	[rɛstau'raʦʰja]
bar (m)	**bar** (m)	[bar]
pequeno-almoço (m)	**śniadanie** (n)	[ɕɲa'dane]
jantar (m)	**kolacja** (ż)	[kɔ'ʎaʦʰja]
buffet (m)	**szwedzki stół** (m)	['ʃfɛʦki stuw]
elevador (m)	**winda** (ż)	['vinda]
NÃO PERTURBE	**NIE PRZESZKADZAĆ**	[ne pʃɛʃ'kaʣaʧ]
PROIBIDO FUMAR!	**ZAKAZ PALENIA!**	['zakas pa'leɲa]

EQUIPAMENTO TÉCNICO. TRANSPORTES

Equipamento técnico. Transportes

101. Computador

computador (m)	**komputer** (m)	[kɔm'putɛr]
portátil (m)	**laptop** (m)	['ʎaptɔp]
ligar (vt)	**włączyć**	['vwɔ̃tʃɨtʃ]
desligar (vt)	**wyłączyć**	[vɨ'wɔ̃tʃɨtʃ]
teclado (m)	**klawiatura** (ż)	[kʎavʰja'tura]
tecla (f)	**klawisz** (m)	['kʎaviʃ]
rato (m)	**myszka** (ż)	['mɨʃka]
tapete (m) de rato	**podkładka** (ż) **pod myszkę**	[pɔtk'watka pɔd 'mɨʃkɛ]
botão (m)	**przycisk** (m)	['pʃɨtʃisk]
cursor (m)	**kursor** (m)	['kursɔr]
monitor (m)	**monitor** (m)	[mɔ'nitɔr]
ecrã (m)	**ekran** (m)	['ɛkran]
disco (m) rígido	**dysk** (m) **twardy**	[dɨsk 'tfardɨ]
capacidade (f) do disco rígido	**pojemność** (ż) **dysku twardego**	[pɔ'emnɔɕtʃ 'dɨsku tfar'dɛgɔ]
memória (f)	**pamięć** (ż)	['pamɛ̃tʃ]
memória RAM (f)	**pamięć** (ż) **operacyjna**	['pamɛ̃tʃ ɔpɛra'tsɨjna]
ficheiro (m)	**plik** (m)	[plik]
pasta (f)	**folder** (m)	['fɔʎdɛr]
abrir (vt)	**otworzyć**	[ɔt'fɔʒɨtʃ]
fechar (vt)	**zamknąć**	['zamknɔ̃tʃ]
guardar (vt)	**zapisać**	[za'pisatʃ]
apagar, eliminar (vt)	**usunąć**	[u'sunɔ̃tʃ]
copiar (vt)	**skopiować**	[skɔ'pʲɔvatʃ]
ordenar (vt)	**segregować**	[sɛgrɛ'gɔvatʃ]
copiar (vt)	**przepisać**	[pʃɛ'pisatʃ]
programa (m)	**program** (m)	['prɔgram]
software (m)	**oprogramowanie** (n)	[ɔprɔgramɔ'vane]
programador (m)	**programista** (m)	[prɔgra'mista]
programar (vt)	**zaprogramować**	[zaprɔgra'mɔvatʃ]
hacker (m)	**haker** (m)	['hakɛr]
senha (f)	**hasło** (n)	['haswɔ]
vírus (m)	**wirus** (m)	['virus]
detetar (vt)	**wykryć**	['vɨkrɨtʃ]

byte (m)	**bajt** (m)	[bajt]
megabyte (m)	**megabajt** (m)	[mɛga'bajt]
dados (m pl)	**dane** (l.mn.)	['danɛ]
base (f) de dados	**baza** (ż) **danych**	['baza 'danɨh]
cabo (m)	**kabel** (m)	['kabɛʎ]
desconectar (vt)	**odłączyć**	[ɔd'wɔ̃tʃɨtʃ]
conetar (vt)	**podłączyć**	[pɔd'wɔ̃tʃɨtʃ]

102. Internet. E-mail

internet (f)	**Internet** (m)	[in'tɛrnɛt]
browser (m)	**przeglądarka** (ż)	[pʃɛglɔ̃'darka]
motor (m) de busca	**wyszukiwarka** (ż)	[vɨʃuki'varka]
provedor (m)	**dostawca** (m) **internetu**	[dɔs'taftsa intɛr'nɛtu]
webmaster (m)	**webmaster** (m)	[vɛb'mastɛr]
website, sítio web (m)	**witryna** (ż) **internetowa**	[vit'rɨna intɛrnɛ'tɔva]
página (f) web	**strona** (ż) **internetowa**	['strɔna intɛrnɛ'tɔva]
endereço (m)	**adres** (m)	['adrɛs]
livro (m) de endereços	**książka** (ż) **adresowa**	[kɕɔ̃ʃka adrɛ'sɔva]
caixa (f) de correio	**skrzynka** (ż) **pocztowa**	['skʃɨŋka pɔtʃ'tɔva]
correio (m)	**poczta** (ż)	['pɔtʃta]
mensagem (f)	**wiadomość** (ż)	[vʲa'dɔmɔɕtʃ]
remetente (m)	**nadawca** (m)	[na'daftsa]
enviar (vt)	**wysłać**	['vɨswatʃ]
envio (m)	**wysłanie** (n)	[vɨs'wane]
destinatário (m)	**odbiorca** (m)	[ɔd'bɜrtsa]
receber (vt)	**dostać**	['dɔstatʃ]
correspondência (f)	**korespondencja** (ż)	[kɔrɛspɔn'dɛntsʰja]
corresponder-se (vr)	**korespondować**	[kɔrɛspɔn'dɔvatʃ]
ficheiro (m)	**plik** (m)	[plik]
fazer download, baixar	**ściągnąć**	[ɕtʃɔ̃gnɔɲtʃ]
criar (vt)	**utworzyć**	[ut'fɔʒɨtʃ]
apagar, eliminar (vt)	**usunąć**	[u'sunɔ̃tʃ]
eliminado	**usunięty**	[usu'nentɨ]
conexão (f)	**połączenie** (n)	[pɔwɔ̃t'ʃɛne]
velocidade (f)	**szybkość** (ż)	['ʃɨpkɔɕtʃ]
modem (m)	**modem** (m)	['mɔdɛm]
acesso (m)	**dostęp** (m)	['dɔstɛ̃p]
porta (f)	**port** (m)	[pɔrt]
conexão (f)	**połączenie** (n)	[pɔwɔ̃t'ʃɛne]
conetar (vi)	**podłączyć się**	[pɔd'wɔ̃tʃɨtʃ ɕɛ̃]
escolher (vt)	**wybrać**	['vɨbratʃ]
buscar (vt)	**szukać**	['ʃukatʃ]

103. Eletricidade

eletricidade (f)	**elektryczność** (ż)	[ɛlekt'rɨʧnɔɕʧ]
elétrico	**elektryczny**	[ɛlekt'rɨʧnɨ]
central (f) elétrica	**elektrownia** (ż)	[ɛlekt'rɔvɲa]
energia (f)	**energia** (ż)	[ɛ'nɛrgja]
energia (f) elétrica	**prąd** (m)	[prɔ̃t]
lâmpada (f)	**żarówka** (ż)	[ʒa'rufka]
lanterna (f)	**latarka** (ż)	[ʎa'tarka]
poste (m) de iluminação	**latarnia** (ż)	[ʎa'tarɲa]
luz (f)	**światło** (n)	['ɕfʲatwɔ]
ligar (vt)	**włączać**	['vwɔ̃ʧaʧ]
desligar (vt)	**wyłączać**	[vɨ'wɔ̃ʧaʧ]
apagar a luz	**zgasić światło**	['zgaɕiʧ 'ɕfʲatwɔ]
fundir (vi)	**spalić się**	['spaliʧ ɕɛ̃]
curto-circuito (m)	**krótkie zwarcie** (n)	['krutke 'zvarʧe]
rutura (f)	**przerwanie** (n) **przewodu**	[pʃɛrɨ'vanie pʃɛ'vɔdu]
contacto (m)	**styk** (m)	[stɨk]
interruptor (m)	**wyłącznik** (m)	[vɨ'wɔ̃ʧnik]
tomada (f)	**gniazdko** (n)	['gɲastkɔ]
ficha (f)	**wtyczka** (ż)	['ftɨʧka]
extensão (f)	**przedłużacz** (m)	[pʃɛd'wuʒaʧ]
fusível (m)	**bezpiecznik** (m)	[bɛs'peʧnik]
fio, cabo (m)	**przewód** (m)	['pʃɛvut]
instalação (f) elétrica	**instalacja** (ż) **elektryczna**	[insta'ʎatsʰja ɛlekt'rɨʧna]
ampere (m)	**amper** (m)	[am'pɛr]
amperagem (f)	**natężenie** (n) **prądu**	[natɛ̃'ʒɛne 'prɔ̃du]
volt (m)	**wolt** (m)	[vɔʎt]
voltagem (f)	**napięcie** (n)	[na'pɛ̃ʧe]
aparelho (m) elétrico	**przyrząd** (m) **elektryczny**	['pʃɨʒɔ̃d ɛlekt'rɨʧnɨ]
indicador (m)	**wskaźnik** (m)	['fskaʑʲnik]
eletricista (m)	**elektryk** (m)	[ɛ'lektrɨk]
soldar (vt)	**lutować**	[ly'tɔvaʧ]
ferro (m) de soldar	**lutownica** (ż)	[lytɔv'nitsa]
corrente (f) elétrica	**prąd** (m)	[prɔ̃t]

104. Ferramentas

ferramenta (f)	**narzędzie** (n)	[na'ʒɛ̃dʒe]
ferramentas (f pl)	**narzędzia** (l.mn.)	[na'ʒɛ̃dʒʲa]
equipamento (m)	**sprzęt** (m)	[spʃɛ̃t]
martelo (m)	**młotek** (m)	['mwɔtɛk]
chave (f) de fendas	**śrubokręt** (m)	[ɕru'bɔkrɛ̃t]
machado (m)	**siekiera** (ż)	[ɕe'kera]

serra (f)	**piła** (ż)	['piwa]
serrar (vt)	**piłować**	[pi'wɔvatʃ]
plaina (f)	**strug** (m)	[struk]
aplainar (vt)	**heblować**	[hɛb'lɜvatʃ]
ferro (m) de soldar	**lutownica** (ż)	[lytɔv'nitsa]
soldar (vt)	**lutować**	[ly'tɔvatʃ]
lima (f)	**pilnik** (m)	['piʎnik]
tenaz (f)	**obcęgi** (l.mn.)	[ɔp'tsɛŋi]
alicate (m)	**kombinerki** (l.mn.)	[kɔmbi'nɛrki]
formão (m)	**dłuto** (n) **stolarskie**	['dwutɔ stɔ'ʎarske]
broca (f)	**wiertło** (n)	['vertwɔ]
berbequim (f)	**wiertarka** (ż)	[ver'tarka]
furar (vt)	**wiercić**	['vertʃitʃ]
faca (f)	**nóż** (m)	[nuʃ]
lâmina (f)	**ostrze** (n)	['ɔstʃɛ]
afiado	**ostry**	['ɔstrɨ]
cego	**tępy**	['tɛ̃pɨ]
embotar-se (vr)	**stępić się**	['stɛmpitʃ ɕɛ̃]
afiar, amolar (vt)	**ostrzyć**	['ɔstʃɨtʃ]
parafuso (m)	**śruba** (ż)	['ɕruba]
porca (f)	**nakrętka** (ż)	[nak'rɛntka]
rosca (f)	**gwint** (m)	[gvint]
parafuso (m) para madeira	**wkręt** (m)	[fkrɛ̃t]
prego (m)	**gwóźdź** (m)	[gvuɕtʃ]
cabeça (f) do prego	**główka** (ż)	['gwufka]
régua (f)	**linijka** (ż)	[li'nijka]
fita (f) métrica	**taśma** (ż) **miernicza**	['taɕma mer'nitʃa]
nível (m)	**poziomica** (ż)	[pɔʒɜ'mitsa]
lupa (f)	**lupa** (ż)	['lypa]
medidor (m)	**miernik** (m)	['mernik]
medir (vt)	**mierzyć**	['meʒɨtʃ]
escala (f)	**skala** (ż)	['skaʎa]
indicação (f), registo (m)	**odczyt** (m)	['ɔdʃtʃɨt]
compressor (m)	**sprężarka** (ż)	[sprɛ̃'ʒarka]
microscópio (m)	**mikroskop** (m)	[mik'rɔskɔp]
bomba (f)	**pompa** (ż)	['pɔmpa]
robô (m)	**robot** (m)	['rɔbɔt]
laser (m)	**laser** (m)	['ʎasɛr]
chave (f) de boca	**klucz** (m) **francuski**	[klytʃ fran'tsuski]
fita (f) adesiva	**taśma** (ż) **klejąca**	['taɕma kleɔ̃tsa]
cola (f)	**klej** (m)	[klej]
lixa (f)	**papier** (m) **ścierny**	['paper 'ɕtʃernɨ]
mola (f)	**sprężyna** (ż)	[sprɛ̃'ʒɨna]
íman (m)	**magnes** (m)	['magnɛs]

luvas (f pl)	**rękawiczki** (l.mn.)	[rẽka'vitʃki]
corda (f)	**sznurek** (m)	['ʃnurɛk]
cordel (m)	**sznur** (m)	[ʃnur]
fio (m)	**przewód** (m)	['pʃɛvut]
cabo (m)	**kabel** (m)	['kabɛʎ]
marreta (f)	**młot** (m)	[mwɔt]
pé de cabra (m)	**łom** (m)	[wɔm]
escada (f) de mão	**drabina** (ż)	[dra'bina]
escadote (m)	**drabinka** (ż) **składana**	[dra'biŋka skwa'dana]
enroscar (vt)	**przekręcać**	[pʃɛk'rɛntsatʃ]
desenroscar (vt)	**odkręcać**	[ɔtk'rɛntsatʃ]
apertar (vt)	**zaciskać**	[za'tʃiskatʃ]
colar (vt)	**przyklejać**	[pʃɨk'lejatʃ]
cortar (vt)	**ciąć**	[tʃɔ̃ʲtʃ]
falha (mau funcionamento)	**uszkodzenie** (n)	[uʃkɔ'dzɛne]
conserto (m)	**naprawa** (ż)	[nap'rava]
consertar, reparar (vt)	**reperować**	[rɛpɛ'rɔvatʃ]
regular, ajustar (vt)	**regulować**	[rɛgu'lɜvatʃ]
verificar (vt)	**sprawdzać**	['spravdzatʃ]
verificação (f)	**kontrola** (ż)	[kɔnt'rɔʎa]
indicação (f), registo (m)	**odczyt** (m)	['ɔdʃtʃɨt]
seguro	**niezawodny**	[neza'vɔdnɨ]
complicado	**złożony**	[zwɔ'ʒɔnɨ]
enferrujar (vi)	**rdzewieć**	['rdzɛvetʃ]
enferrujado	**zardzewiały**	[zardzɛ'vʲawɨ]
ferrugem (f)	**rdza** (ż)	[rdza]

Transportes

105. Avião

avião (m)	**samolot** (m)	[sa'mɔlɔt]
bilhete (m) de avião	**bilet** (m) **lotniczy**	['bilet lɔt'nitʃɨ]
companhia (f) aérea	**linie** (l.mn.) **lotnicze**	['liɲje lɔt'nitʃɛ]
aeroporto (m)	**port** (m) **lotniczy**	[pɔrt lɔt'nitʃɨ]
supersónico	**ponaddźwiękowy**	[pɔnaddʒʲvɛ̃'kɔvɨ]
comandante (m) do avião	**kapitan** (m) **statku**	[ka'pitan 'statku]
tripulação (f)	**załoga** (ż)	[za'wɔga]
piloto (m)	**pilot** (m)	['pilɔt]
hospedeira (f) de bordo	**stewardessa** (ż)	[stʰjuar'dɛsa]
copiloto (m)	**nawigator** (m)	[navi'gatɔr]
asas (f pl)	**skrzydła** (l.mn.)	['skʃɨdwa]
cauda (f)	**ogon** (m)	['ɔgɔn]
cabine (f) de pilotagem	**kabina** (ż)	[ka'bina]
motor (m)	**silnik** (m)	['ɕiʎnik]
trem (m) de aterragem	**podwozie** (n)	[pɔd'vɔʒe]
turbina (f)	**turbina** (ż)	[tur'bina]
hélice (f)	**śmigło** (n)	['ɕmigwɔ]
caixa-preta (f)	**czarna skrzynka** (ż)	['tʃarna 'skʃɨŋka]
coluna (f) de controlo	**wolant** (m)	['vɔʎant]
combustível (m)	**paliwo** (n)	[pa'livɔ]
instruções (f pl) de segurança	**instrukcja** (ż)	[inst'ruktsʰja]
máscara (f) de oxigénio	**maska** (ż) **tlenowa**	['maska tle'nɔva]
uniforme (m)	**uniform** (m)	[u'nifɔrm]
colete (m) salva-vidas	**kamizelka** (ż) **ratunkowa**	[kami'zɛʎka ratu'ŋkɔva]
paraquedas (m)	**spadochron** (m)	[spa'dɔhrɔn]
descolagem (f)	**start** (m)	[start]
descolar (vi)	**startować**	[star'tɔvatʃ]
pista (f) de descolagem	**pas** (m) **startowy**	[pas star'tɔvɨ]
visibilidade (f)	**widoczność** (ż)	[vi'dɔtʃnɔɕtʃ]
voo (m)	**lot** (m)	['lɔt]
altura (f)	**wysokość** (ż)	[vɨ'sɔkɔɕtʃ]
poço (m) de ar	**dziura** (ż) **powietrzna**	['dʒyra pɔ'vetʃna]
assento (m)	**miejsce** (n)	['mejstsɛ]
auscultadores (m pl)	**słuchawki** (l.mn.)	[swu'hafki]
mesa (f) rebatível	**stolik** (m) **rozkładany**	['stɔlik rɔskwa'danɨ]
vigia (f)	**iluminator** (m)	[ilymi'natɔr]
passagem (f)	**przejście** (n)	['pʃɛjɕtʃe]

106. Comboio

comboio (m)	**pociąg** (m)	['pɔʧɔ̃k]
comboio (m) suburbano	**pociąg** (m) **podmiejski**	['pɔʧɔ̃k pɔd'mejski]
comboio (m) rápido	**pociąg** (m) **pośpieszny**	['pɔʧɔ̃k pɔɕ'peʃnɨ]
locomotiva (f) diesel	**lokomotywa** (ż)	[lɜkɔmɔ'tɨva]
locomotiva (f) a vapor	**parowóz** (m)	[pa'rɔvus]
carruagem (f)	**wagon** (m)	['vagɔn]
carruagem restaurante (f)	**wagon** (m) **restauracyjny**	['vagɔn rɛstaura'ʦɨjnɨ]
carris (m pl)	**szyny** (l.mn.)	['ʃɨnɨ]
caminho de ferro (m)	**kolej** (ż)	['kɔlej]
travessa (f)	**podkład** (m)	['pɔtkwat]
plataforma (f)	**peron** (m)	['pɛrɔn]
linha (f)	**tor** (m)	[tɔr]
semáforo (m)	**semafor** (m)	[sɛ'mafɔr]
estação (f)	**stacja** (ż)	['staʦʰja]
maquinista (m)	**maszynista** (m)	[maʃɨ'nista]
bagageiro (m)	**tragarz** (m)	['tragaʃ]
hospedeiro, -a (da carruagem)	**konduktor** (m)	[kɔn'duktɔr]
passageiro (m)	**pasażer** (m)	[pa'saʒɛr]
revisor (m)	**kontroler** (m)	[kɔnt'rɔler]
corredor (m)	**korytarz** (m)	[kɔ'rɨtaʃ]
freio (m) de emergência	**hamulec** (m) **bezpieczeństwa**	[ha'muleʦ bɛzpet'ʃɛɲstfa]
compartimento (m)	**przedział** (m)	['pʃɛʤʲaw]
cama (f)	**łóżko** (n)	['wuʃkɔ]
cama (f) de cima	**łóżko** (n) **górne**	['wuʃkɔ 'gurnɛ]
cama (f) de baixo	**łóżko** (n) **dolne**	['wuʃkɔ 'dɔʎnɛ]
roupa (f) de cama	**pościel** (ż)	['pɔɕʧeʎ]
bilhete (m)	**bilet** (m)	['bilet]
horário (m)	**rozkład** (m) **jazdy**	['rɔskwad 'jazdɨ]
painel (m) de informação	**tablica** (ż) **informacyjna**	[tab'liʦa infɔrma'ʦɨjna]
partir (vt)	**odjeżdżać**	[ɔdʰ'eʒʤaʧ]
partida (f)	**odjazd** (m)	['ɔdʰjast]
chegar (vi)	**wjeżdżać**	['vʰeʒʤaʧ]
chegada (f)	**przybycie** (n)	[pʃɨ'bɨʧe]
chegar de comboio	**przyjechać pociągiem**	[pʃɨ'ehaʧ pɔʧɔ̃gem]
apanhar o comboio	**wsiąść do pociągu**	[fɕɔ̃ʲɕʧ dɔ pɔʧɔ̃gu]
sair do comboio	**wysiąść z pociągu**	['vɨɕɔ̃ʲɕʧ s pɔʧɔ̃gu]
acidente (m) ferroviário	**katastrofa** (ż)	[katast'rɔfa]
locomotiva (f) a vapor	**parowóz** (m)	[pa'rɔvus]
fogueiro (m)	**palacz** (m)	['paʎaʧ]
fornalha (f)	**palenisko** (n)	[pale'niskɔ]
carvão (m)	**węgiel** (m)	['vɛŋeʎ]

107. Barco

navio (m)	**statek** (m)	['statɛk]
embarcação (f)	**okręt** (m)	['ɔkrɛ̃t]
vapor (m)	**parowiec** (m)	[pa'rɔvets]
navio (m)	**motorowiec** (m)	[mɔtɔ'rɔvets]
transatlântico (m)	**liniowiec** (m)	[li'ɲjɔvets]
cruzador (m)	**krążownik** (m)	[krɔ̃'ʒɔvnik]
iate (m)	**jacht** (m)	[jaht]
rebocador (m)	**holownik** (m)	[hɔ'lɜvnik]
barcaça (f)	**barka** (ż)	['barka]
ferry (m)	**prom** (m)	[prɔm]
veleiro (m)	**żaglowiec** (m)	[ʒag'lɜvets]
bergantim (m)	**brygantyna** (ż)	[brɨgan'tɨna]
quebra-gelo (m)	**lodołamacz** (m)	[lɜdɔ'wamatʃ]
submarino (m)	**łódź** (ż) **podwodna**	[wutʃ pɔd'vɔdna]
bote, barco (m)	**łódź** (ż)	[wutʃ]
bote, dingue (m)	**szalupa** (ż)	[ʃa'lypa]
bote (m) salva-vidas	**szalupa** (ż)	[ʃa'lypa]
lancha (f)	**motorówka** (ż)	[mɔtɔ'rufka]
capitão (m)	**kapitan** (m)	[ka'pitan]
marinheiro (m)	**marynarz** (m)	[ma'rɨnaʃ]
marujo (m)	**marynarz** (m)	[ma'rɨnaʃ]
tripulação (f)	**załoga** (ż)	[za'wɔga]
contramestre (m)	**bosman** (m)	['bɔsman]
grumete (m)	**chłopiec** (m) **okrętowy**	['hwɔpets ɔkrɛ̃'tɔvɨ]
cozinheiro (m) de bordo	**kucharz** (m) **okrętowy**	['kuhaʃ ɔkrɛ̃'tɔvɨ]
médico (m) de bordo	**lekarz** (m) **okrętowy**	['lekaʃ ɔkrɛ̃'tɔvɨ]
convés (m)	**pokład** (m)	['pɔkwat]
mastro (m)	**maszt** (m)	[maʃt]
vela (f)	**żagiel** (m)	['ʒageʎ]
porão (m)	**ładownia** (ż)	[wa'dɔvɲa]
proa (f)	**dziób** (m)	[dʒyp]
popa (f)	**rufa** (ż)	['rufa]
remo (m)	**wiosło** (n)	['vɜswɔ]
hélice (f)	**śruba** (ż) **napędowa**	['ɕruba napɛ̃'dɔva]
camarote (m)	**kajuta** (ż)	[ka'juta]
sala (f) dos oficiais	**mesa** (ż)	['mɛsa]
sala (f) das máquinas	**maszynownia** (ż)	[maʃɨ'nɔvɲa]
ponte (m) de comando	**mostek** (m) **kapitański**	['mɔstɛk kapi'taɲski]
sala (f) de comunicações	**radiokabina** (ż)	[radʰɔka'bina]
onda (f) de rádio	**fala** (ż)	['faʎa]
diário (m) de bordo	**dziennik** (m) **pokładowy**	['dʒeɲik pɔkwa'dɔvɨ]
luneta (f)	**luneta** (ż)	[ly'nɛta]
sino (m)	**dzwon** (m)	[dzvɔn]

bandeira (f)	**bandera** (ż)	[ban'dɛra]
cabo (m)	**lina** (ż)	['lina]
nó (m)	**węzeł** (m)	['vɛnzɛw]
corrimão (m)	**poręcz** (ż)	['pɔrɛ̃tʃ]
prancha (f) de embarque	**trap** (m)	[trap]
âncora (f)	**kotwica** (ż)	[kɔt'fitsa]
recolher a âncora	**podnieść kotwicę**	['pɔdneɕtʃ kɔt'fitsɛ̃]
lançar a âncora	**zarzucić kotwicę**	[za'ʒutʃitʃ kɔt'fitsɛ̃]
amarra (f)	**łańcuch** (m) **kotwicy**	['waɲtsuh kɔt'fitsɨ]
porto (m)	**port** (m)	[pɔrt]
cais, amarradouro (m)	**nabrzeże** (n)	[nab'ʒɛʒɛ]
atracar (vi)	**cumować**	[tsu'mɔvatʃ]
desatracar (vi)	**odbijać**	[ɔd'bijatʃ]
viagem (f)	**podróż** (ż)	['pɔdruʃ]
cruzeiro (m)	**podróż** (ż) **morska**	['pɔdruʃ 'mɔrska]
rumo (m), rota (f)	**kurs** (m)	[kurs]
itinerário (m)	**trasa** (ż)	['trasa]
canal (m) navegável	**tor** (m) **wodny**	[tɔr 'vɔdnɨ]
banco (m) de areia	**mielizna** (ż)	[me'lizna]
encalhar (vt)	**osiąść na mieliźnie**	['ɔɕɔ̃ʲɕtʃ na me'liʑʲne]
tempestade (f)	**sztorm** (m)	[ʃtɔrm]
sinal (m)	**sygnał** (m)	['sɨgnaw]
afundar-se (vr)	**tonąć**	['tɔ̃ɔɲtʃ]
SOS	**SOS**	[ɛs ɔ ɛs]
boia (f) salva-vidas	**koło** (n) **ratunkowe**	['kɔwɔ ratu'ŋkɔvɛ]

108. Aeroporto

aeroporto (m)	**port** (m) **lotniczy**	[pɔrt lɜt'nitʃɨ]
avião (m)	**samolot** (m)	[sa'mɔlɜt]
companhia (f) aérea	**linie** (l.mn.) **lotnicze**	['liɲje lɜt'nitʃɛ]
controlador (m) de tráfego aéreo	**kontroler** (m) **lotów**	[kɔnt'rɔler 'lɜtuf]
partida (f)	**odlot** (m)	['ɔdlɜt]
chegada (f)	**przylot** (m)	['pʃɨlɜt]
chegar (~ de avião)	**przylecieć**	[pʃɨ'letʃetʃ]
hora (f) de partida	**godzina** (ż) **odlotu**	[gɔ'dʒina ɔd'lɜtu]
hora (f) de chegada	**godzina** (ż) **przylotu**	[gɔ'dʒina pʃɨ'lɜtu]
estar atrasado	**opóźniać się**	[ɔ'puʑʲɲatʃ ɕɛ̃]
atraso (m) de voo	**opóźnienie** (n) **odlotu**	[ɔpuʑʲ'nene ɔd'lɜtu]
painel (m) de informação	**tablica** (ż) **informacyjna**	[tab'litsa infɔrma'tsɨjna]
informação (f)	**informacja** (ż)	[infɔr'matsʰja]
anunciar (vt)	**ogłaszać**	[ɔg'waʃatʃ]
voo (m)	**lot** (m)	['lɜt]

alfândega (f)	**urząd** (m) **celny**	['uʒɔ̃t 'ʦɛʎnɨ]
funcionário (m) da alfândega	**celnik** (m)	['ʦɛʎnik]
declaração (f) alfandegária	**deklaracja** (ż)	[dɛkʎa'raʦʰja]
preencher a declaração	**wypełnić deklarację**	[vɨ'pɛwniʧ dɛkʎa'raʦʰɛ̃]
controlo (m) de passaportes	**odprawa** (ż) **paszportowa**	[ɔtp'rava paʃpɔr'tɔva]
bagagem (f)	**bagaż** (m)	['bagaʃ]
bagagem (f) de mão	**bagaż** (m) **podręczny**	['bagaʃ pɔd'rɛnʧnɨ]
carrinho (m)	**wózek** (m) **bagażowy**	['vuzɛk baga'ʒɔvɨ]
aterragem (f)	**lądowanie** (n)	[lɔ̃dɔ'vane]
pista (f) de aterragem	**pas** (m) **startowy**	[pas star'tɔvɨ]
aterrar (vi)	**lądować**	[lɔ̃'dɔvaʧ]
escada (f) de avião	**schody** (l.mn.) **do samolotu**	['shɔdɨ dɔ samɔ'lɜtu]
check-in (m)	**odprawa** (ż) **biletowa**	[ɔtp'rava bile'tɔva]
balcão (m) do check-in	**stanowisko** (n) **odprawy**	[stanɔ'viskɔ ɔtp'ravɨ]
fazer o check-in	**zgłosić się do odprawy**	['zgwɔɕiʧ ɕɛ̃ dɔ ɔtp'ravɨ]
cartão (m) de embarque	**karta** (ż) **pokładowa**	['karta pɔkwa'dɔva]
porta (f) de embarque	**wyjście** (n) **do odprawy**	['vɨjɕʧe dɔ ɔtp'ravɨ]
trânsito (m)	**tranzyt** (m)	['tranzɨt]
esperar (vi, vt)	**czekać**	['ʧɛkaʧ]
sala (f) de espera	**poczekalnia** (ż)	[pɔʧɛ'kaʎɲa]
despedir-se de ...	**odprowadzać**	[ɔtprɔ'vaʣaʧ]
despedir-se (vr)	**żegnać się**	['ʒɛgnaʧ ɕɛ̃]

Eventos

109. Férias. Evento

festa (f)	**święto** (n)	['ɕfentɔ]
festa (f) nacional	**święto** (n) **państwowe**	['ɕfentɔ paɲst'fɔvɛ]
feriado (m)	**dzień** (m) **świąteczny**	[ʤeɲ ɕfɔ̃'tɛʧnɨ]
festejar (vt)	**świętować**	[ɕfɛ̃'tɔvaʧ]
evento (festa, etc.)	**wydarzenie** (n)	[vɨda'ʒɛne]
evento (banquete, etc.)	**impreza** (ż)	[imp'rɛza]
banquete (m)	**bankiet** (m)	['baŋket]
receção (f)	**przyjęcie** (n)	[pʃɨ'ɛ̃ʧe]
festim (m)	**uczta** (ż)	['uʧta]
aniversário (m)	**rocznica** (ż)	[rɔʧ'nitsa]
jubileu (m)	**jubileusz** (m)	[jubi'leuʃ]
celebrar (vt)	**obchodzić**	[ɔp'hɔʤiʧ]
Ano (m) Novo	**Nowy Rok** (m)	['nɔvɨ rɔk]
Feliz Ano Novo!	**Szczęśliwego Nowego Roku!**	[ʃʧɛɲɕli'vɛgɔ nɔ'vɛgɔ 'rɔku]
Natal (m)	**Boże Narodzenie** (n)	['bɔʒɛ narɔ'dzɛne]
Feliz Natal!	**Wesołych Świąt !**	[vɛ'sɔwɨh ɕfɔ̃t]
árvore (f) de Natal	**choinka** (ż)	[hɔ'iŋka]
fogo (m) de artifício	**sztuczne ognie** (l.mn.)	['ʃtuʧnɛ 'ɔgne]
boda (f)	**wesele** (n)	[vɛ'sɛle]
noivo (m)	**narzeczony** (m)	[naʒɛt'ʃɔnɨ]
noiva (f)	**narzeczona** (ż)	[naʒɛt'ʃɔna]
convidar (vt)	**zapraszać**	[zap'raʃaʧ]
convite (m)	**zaproszenie** (n)	[zaprɔ'ʃɛne]
convidado (m)	**gość** (m)	[gɔɕʧ]
visitar (vt)	**iść w gości**	[iɕʧ v 'gɔɕʧi]
receber os hóspedes	**witać gości**	['vitaʧ 'gɔɕʧi]
presente (m)	**prezent** (m)	['prɛzɛnt]
oferecer (vt)	**dawać w prezencie**	['davaʧ f prɛ'zɛɲʧe]
receber presentes	**dostawać prezenty**	[dɔs'tavaʧ prɛ'zɛntɨ]
ramo (m) de flores	**bukiet** (m)	['buket]
felicitações (f pl)	**gratulacje** (l.mn.)	[gratu'ʎatsʰe]
felicitar (dar os parabéns)	**gratulować**	[gratu'lɜvaʧ]
cartão (m) de parabéns	**kartka** (ż) **z życzeniami**	['kartka z ʒɨʧɛ'ɲami]
enviar um postal	**wysłać kartkę**	['vɨswaʧ 'kartkɛ̃]
receber um postal	**dostać kartkę**	['dɔstaʧ kartkɛ̃]

brinde (m)	**toast** (m)	['tɔast]
oferecer (vt)	**częstować**	[tʃɛ̃s'tɔvatʃ]
champanhe (m)	**szampan** (m)	['ʃampan]
divertir-se (vr)	**bawić się**	['bavitʃ ɕɛ̃]
diversão (f)	**zabawa** (ż)	[za'bava]
alegria (f)	**radość** (ż)	['radɔɕtʃ]
dança (f)	**taniec** (m)	['tanets]
dançar (vi)	**tańczyć**	['taɲtʃɨtʃ]
valsa (f)	**walc** (m)	['vaʎts]
tango (m)	**tango** (n)	['taŋɔ]

110. Funerais. Enterro

cemitério (m)	**cmentarz** (m)	['tsmɛntaʃ]
sepultura (f), túmulo (m)	**grób** (m)	[grup]
cruz (f)	**krzyż** (m)	[kʃɨʃ]
lápide (f)	**nagrobek** (m)	[nag'rɔbɛk]
cerca (f)	**ogrodzenie** (n)	[ɔgrɔ'dzɛne]
capela (f)	**kaplica** (ż)	[kap'litsa]
morte (f)	**śmierć** (ż)	[ɕmertʃ]
morrer (vi)	**umrzeć**	['umʒɛtʃ]
defunto (m)	**zmarły** (m)	['zmarvɨ]
luto (m)	**żałoba** (ż)	[ʒa'wɔba]
enterrar, sepultar (vt)	**chować**	['hɔvatʃ]
agência (f) funerária	**zakład** (m) **pogrzebowy**	['zakwat pɔgʒɛ'bɔvɨ]
funeral (m)	**pogrzeb** (m)	['pɔgʒɛp]
coroa (f) de flores	**wieniec** (m)	['venets]
caixão (m)	**trumna** (ż)	['trumna]
carro (m) funerário	**karawan** (m)	[ka'ravan]
mortalha (f)	**całun** (m)	['tsawun]
urna (f) funerária	**urna** (ż) **pogrzebowa**	['urna pɔgʒɛ'bɔva]
crematório (m)	**krematorium** (m)	[krɛma'tɔrʰjum]
obituário (m), necrologia (f)	**nekrolog** (m)	[nɛk'rɔlɜk]
chorar (vi)	**płakać**	['pwakatʃ]
soluçar (vi)	**szlochać**	['ʃlɜhatʃ]

111. Guerra. Soldados

pelotão (m)	**pluton** (m)	['plytɔn]
companhia (f)	**rota** (ż)	['rɔta]
regimento (m)	**pułk** (m)	[puwk]
exército (m)	**armia** (ż)	['armʰja]
divisão (f)	**dywizja** (ż)	[dɨ'vizʰja]
destacamento (m)	**oddział** (m)	['ɔddʒʲaw]

hoste (f)	**wojsko** (n)	['vɔjskɔ]
soldado (m)	**żołnierz** (m)	['ʒɔwneʃ]
oficial (m)	**oficer** (m)	[ɔ'fitsɛr]
soldado (m) raso	**szeregowy** (m)	[ʃɛrɛ'gɔvɨ]
sargento (m)	**sierżant** (m)	['ɕerʒant]
tenente (m)	**podporucznik** (m)	[pɔtpɔ'rutʃnik]
capitão (m)	**kapitan** (m)	[ka'pitan]
major (m)	**major** (m)	['majɔr]
coronel (m)	**pułkownik** (m)	[puw'kɔvnik]
general (m)	**generał** (m)	[gɛ'nɛraw]
marujo (m)	**marynarz** (m)	[ma'rɨnaʃ]
capitão (m)	**kapitan** (m)	[ka'pitan]
contramestre (m)	**bosman** (m)	['bɔsman]
artilheiro (m)	**artylerzysta** (m)	[artɨle'ʒɨsta]
soldado (m) paraquedista	**desantowiec** (m)	[dɛsan'tɔvets]
piloto (m)	**lotnik** (m)	['lɜtnik]
navegador (m)	**nawigator** (m)	[navi'gatɔr]
mecânico (m)	**mechanik** (m)	[mɛ'hanik]
sapador (m)	**saper** (m)	['sapɛr]
paraquedista (m)	**spadochroniarz** (m)	[spadɔh'rɔɲaʃ]
explorador (m)	**zwiadowca** (m)	[zvʲa'dɔftsa]
franco-atirador (m)	**snajper** (m)	['snajpɛr]
patrulha (f)	**patrol** (m)	['patrɔʎ]
patrulhar (vt)	**patrolować**	[patrɔ'lɜvatʃ]
sentinela (f)	**wartownik** (m)	[var'tɔvnik]
guerreiro (m)	**wojownik** (m)	[vɔɜvnik]
patriota (m)	**patriota** (m)	[patrʰɜta]
herói (m)	**bohater** (m)	[bɔ'hatɛr]
heroína (f)	**bohaterka** (ż)	[bɔha'tɛrka]
traidor (m)	**zdrajca** (m)	['zdrajtsa]
desertor (m)	**dezerter** (m)	[dɛ'zɛrtɛr]
desertar (vt)	**dezerterować**	[dɛzɛrtɛ'rɔvatʃ]
mercenário (m)	**najemnik** (m)	[na'emnik]
recruta (m)	**rekrut** (m)	['rɛkrut]
voluntário (m)	**ochotnik** (m)	[ɔ'hɔtnik]
morto (m)	**zabity** (m)	[za'bitɨ]
ferido (m)	**ranny** (m)	['raŋɨ]
prisioneiro (m) de guerra	**jeniec** (m)	['enets]

112. Guerra. Ações militares. Parte 1

guerra (f)	**wojna** (ż)	['vɔjna]
guerrear (vt)	**wojować**	[vɔɜvatʃ]
guerra (f) civil	**wojna domowa** (ż)	['vɔjna dɔ'mɔva]
perfidamente	**wiarołomnie**	[vʲarɔ'wɔmne]

declaração (f) de guerra	**wypowiedzenie** (n)	[vipɔve'dzɛne]
declarar (vt) guerra	**wypowiedzieć (~ wojnę)**	[vipɔ'vedʒetʃ 'vɔjnɛ̃]
agressão (f)	**agresja** (ż)	[ag'rɛsʰja]
atacar (vt)	**napadać**	[na'padatʃ]
invadir (vt)	**najeździać**	[na'jezdʒʲatʲ]
invasor (m)	**najeźdźca** (m)	[na'eɕtsa]
conquistador (m)	**zdobywca** (m)	[zdɔ'biftsa]
defesa (f)	**obrona** (ż)	[ɔb'rɔna]
defender (vt)	**bronić**	['brɔnitʃ]
defender-se (vr)	**bronić się**	['brɔnitʃ ɕɛ̃]
inimigo (m)	**wróg** (m)	[vruk]
adversário (m)	**przeciwnik** (m)	[pʃɛ'tʃivnik]
inimigo	**wrogi**	['vrɔgi]
estratégia (f)	**strategia** (ż)	[stra'tɛgja]
tática (f)	**taktyka** (ż)	['taktika]
ordem (f)	**rozkaz** (m)	['rɔskas]
comando (m)	**komenda** (ż)	[kɔ'mɛnda]
ordenar (vt)	**rozkazywać**	[rɔska'zivatʃ]
missão (f)	**zadanie** (n)	[za'dane]
secreto	**tajny**	['tajni]
batalha (f)	**bitwa** (ż)	['bitfa]
combate (m)	**bój** (m)	[buj]
ataque (m)	**atak** (m)	['atak]
assalto (m)	**szturm** (m)	[ʃturm]
assaltar (vt)	**szturmować**	[ʃtur'mɔvatʃ]
assédio, sítio (m)	**oblężenie** (n)	[ɔblɛ̃'ʒɛne]
ofensiva (f)	**ofensywa** (ż)	[ɔfɛn'siva]
passar à ofensiva	**nacierać**	[na'tʃeratʃ]
retirada (f)	**odwrót** (m)	['ɔdvrut]
retirar-se (vr)	**wycofywać się**	[vitsɔ'fivatʃ ɕɛ̃]
cerco (m)	**okrążenie** (n)	[ɔkrɔ̃'ʒɛne]
cercar (vt)	**okrążyć**	[ɔk'rɔ̃ʒitʲ]
bombardeio (m)	**bombardowanie** (n)	[bɔmbardɔ'vane]
lançar uma bomba	**zrzucić bombę**	['zʒutʃitʃ 'bɔmbɛ̃]
bombardear (vt)	**bombardować**	[bɔmbar'dɔvatʃ]
explosão (f)	**wybuch** (m)	['vibuh]
tiro (m)	**strzał** (m)	[stʃaw]
disparar um tiro	**wystrzelić**	[vist'ʃɛlitʃ]
tiroteio (m)	**strzelanina** (ż)	[stʃɛʎa'nina]
apontar para ...	**celować**	[tsɛ'lɜvatʃ]
apontar (vt)	**wycelować**	[vitsɛ'lɜvatʃ]
acertar (vt)	**trafić**	['trafitʃ]
afundar (um navio)	**zatopić**	[za'tɔpitʃ]

brecha (f)	**dziura** (ż)	['dʒyra]
afundar-se (vr)	**iść na dno**	[iɕtʃ na dnɔ]
frente (m)	**front** (m)	[frɔnt]
evacuação (f)	**ewakuacja** (ż)	[ɛvaku'atsʰja]
evacuar (vt)	**ewakuować**	[ɛvaku'ɔvatʃ]
arame (m) farpado	**drut** (m) **kolczasty**	[drut kɔʎt'ʃastɨ]
obstáculo (m) anticarro	**zapora** (ż)	[za'pɔra]
torre (f) de vigia	**wieża** (ż)	['veʒa]
hospital (m)	**szpital** (m)	['ʃpitaʎ]
ferir (vt)	**ranić**	['ranitʃ]
ferida (f)	**rana** (ż)	['rana]
ferido (m)	**ranny** (m)	['raŋɨ]
ficar ferido	**zostać rannym**	['zɔstatʃ 'raŋɨm]
grave (ferida ~)	**ciężki**	['tʃenʃki]

113. Guerra. Ações militares. Parte 2

cativeiro (m)	**niewola** (ż)	[ne'vɔʎa]
capturar (vt)	**wziąć do niewoli**	[vʒɔ̃ʲtʃ dɔ ne'vɔli]
estar em cativeiro	**być w niewoli**	[bɨtʃ v ne'vɔli]
ser aprisionado	**dostać się do niewoli**	['dɔstatʃ ɕɛ̃ dɔ ne'vɔli]
campo (m) de concentração	**obóz** (m) **koncentracyjny**	['ɔbus kɔntsɛntra'tsɨjnɨ]
prisioneiro (m) de guerra	**jeniec** (m)	['enets]
escapar (vi)	**uciekać**	[u'tʃekatʃ]
trair (vt)	**zdradzić**	['zdradʒitʃ]
traidor (m)	**zdrajca** (m)	['zdrajtsa]
traição (f)	**zdrada** (ż)	['zdrada]
fuzilar, executar (vt)	**rozstrzelać**	[rɔst'ʃɛʎatʃ]
fuzilamento (m)	**rozstrzelanie** (n)	[rɔstʃɛ'ʎane]
equipamento (m)	**umundurowanie** (n)	[umundurɔ'vane]
platina (f)	**pagon** (m)	['pagɔn]
máscara (f) antigás	**maska** (ż) **przeciwgazowa**	['maska pʃɛtʃivga'zɔva]
rádio (m)	**radiostacja** (ż) **przenośna**	[radiɔs'tatsʰja pʃɛ'nɔɕna]
cifra (f), código (m)	**szyfr** (m)	[ʃɨfr]
conspiração (f)	**konspiracja** (ż)	[kɔnspi'ratsʰja]
senha (f)	**hasło** (n)	['haswɔ]
mina (f)	**mina** (ż)	['mina]
minar (vt)	**zaminować**	[zami'nɔvatʃ]
campo (m) minado	**pole** (n) **minowe**	['pɔle mi'nɔvɛ]
alarme (m) aéreo	**alarm** (m) **przeciwlotniczy**	['aʎarm pʃɛtʃiflɔt'nitʃɨ]
alarme (m)	**alarm** (m)	['aʎarm]
sinal (m)	**sygnał** (m)	['sɨgnaw]
sinalizador (m)	**rakieta** (ż) **sygnalizacyjna**	[ra'keta sɨgnaliza'tsɨjna]
estado-maior (m)	**sztab** (m)	[ʃtap]

reconhecimento (m)	**rekonesans** (m)	[rɛkɔ'nɛsans]
situação (f)	**sytuacja** (ż)	[sɨtu'aʦʰja]
relatório (m)	**raport** (m)	['rapɔrt]
emboscada (f)	**zasadzka** (ż)	[za'saʦka]
reforço (m)	**posiłki** (l.mn.)	[pɔ'ɕiwki]
alvo (m)	**cel** (m)	[ʦɛʎ]
campo (m) de tiro	**poligon** (m)	[pɔ'ligɔn]
manobras (f pl)	**manewry** (l.mn.)	[ma'nɛvrɨ]
pânico (m)	**panika** (ż)	['panika]
devastação (f)	**ruina** (ż)	[ru'ina]
ruínas (f pl)	**zniszczenia** (l.mn.)	[zniʃt'ʃɛɲa]
destruir (vt)	**niszczyć**	['niʃʧɨʧ]
sobreviver (vi)	**przeżyć**	['pʃɛʒɨʧ]
desarmar (vt)	**rozbroić**	[rɔzb'rɔiʧ]
manusear (vt)	**obchodzić się**	[ɔp'hɔʤiʧ ɕɛ̃]
Firmes!	**Baczność!**	['baʧnɔɕʧ]
Descansar!	**Spocznij!**	['spɔʧnij]
façanha (f)	**czyn** (m) **bohaterski**	[ʧɨn bɔha'tɛrski]
juramento (m)	**przysięga** (ż)	[pʃɨ'ɕɛŋa]
jurar (vi)	**przysięgać**	[pʃɨ'ɕɛŋaʧ]
condecoração (f)	**odznaczenie** (n)	[ɔʣnat'ʃɛne]
condecorar (vt)	**nagradzać**	[nag'raʣaʧ]
medalha (f)	**medal** (m)	['mɛdaʎ]
ordem (f)	**order** (m)	['ɔrdɛr]
vitória (f)	**zwycięstwo** (n)	[zvɨ'ʧenstfɔ]
derrota (f)	**klęska** (ż)	['klenska]
armistício (m)	**rozejm** (m)	['rɔzɛjm]
bandeira (f)	**sztandar** (m)	['ʃtandar]
glória (f)	**chwała** (ż)	['hfawa]
desfile (m) militar	**defilada** (ż)	[dɛfi'ʎada]
marchar (vi)	**maszerować**	[maʃɛ'rɔvaʧ]

114. Armas

arma (f)	**broń** (ż)	[brɔɲ]
arma (f) de fogo	**broń** (ż) **palna**	[brɔɲ 'paʎna]
arma (f) branca	**broń** (ż) **biała**	[brɔɲ 'bʲawa]
arma (f) química	**broń** (ż) **chemiczna**	[brɔɲ hɛ'miʧna]
nuclear	**nuklearny**	[nukle'arnɨ]
arma (f) nuclear	**broń** (ż) **nuklearna**	[brɔɲ nukle'arna]
bomba (f)	**bomba** (ż)	['bɔmba]
bomba (f) atómica	**bomba atomowa** (ż)	['bɔmba atɔ'mɔva]
pistola (f)	**pistolet** (m)	[pis'tɔlet]
caçadeira (f)	**strzelba** (ż)	['stʃɛʎba]

pistola-metralhadora (f)	**automat** (m)	[au'tɔmat]
metralhadora (f)	**karabin** (m) **maszynowy**	[ka'rabin maʃi'nɔvɨ]
boca (f)	**wylot** (m)	['vɨlɜt]
cano (m)	**lufa** (ż)	['lyfa]
calibre (m)	**kaliber** (m)	[ka'libɛr]
gatilho (m)	**spust** (m)	[spust]
mira (f)	**celownik** (m)	[ʦɛ'lɜvnik]
carregador (m)	**magazynek** (m)	[maga'zɨnɛk]
coronha (f)	**kolba** (ż)	['kɔʎba]
granada (f) de mão	**granat** (m)	['granat]
explosivo (m)	**ładunek** (m) **wybuchowy**	[wa'dunɛk vɨbu'hɔvɨ]
bala (f)	**kula** (ż)	['kuʎa]
cartucho (m)	**nabój** (m)	['nabuj]
carga (f)	**ładunek** (m)	[wa'dunɛk]
munições (f pl)	**amunicja** (ż)	[amu'niʦʰja]
bombardeiro (m)	**bombowiec** (m)	[bɔm'bɔvɛʦ]
avião (m) de caça	**myśliwiec** (m)	[mɨɕ'livɛʦ]
helicóptero (m)	**helikopter** (m)	[hɛli'kɔptɛr]
canhão (m) antiaéreo	**działo** (n) **przeciwlotnicze**	['ʤʲawɔ pʃɛʧiflɜt'niʧɛ]
tanque (m)	**czołg** (m)	[ʧɔwk]
canhão (de um tanque)	**działo** (n)	['ʤʲawɔ]
artilharia (f)	**artyleria** (ż)	[artɨ'lerʰja]
fazer a pontaria	**wycelować**	[vɨʦɛ'lɜvaʧ]
obus (m)	**pocisk** (m)	['pɔʧisk]
granada (f) de morteiro	**pocisk** (m) **moździerzowy**	['pɔʧisk mɔzʥi'ʒɔvɨ]
morteiro (m)	**moździerz** (m)	['mɔʑʲʤeʃ]
estilhaço (m)	**odłamek** (m)	[ɔd'wamɛk]
submarino (m)	**łódź** (ż) **podwodna**	[wuʧ pɔd'vɔdna]
torpedo (m)	**torpeda** (ż)	[tɔr'pɛda]
míssil (m)	**rakieta** (ż)	[ra'keta]
carregar (uma arma)	**ładować**	[wa'dɔvaʧ]
atirar, disparar (vi)	**strzelać**	['stʃɛʎaʧ]
apontar para ...	**celować**	[ʦɛ'lɜvaʧ]
baioneta (f)	**bagnet** (m)	['bagnɛt]
espada (f)	**szpada** (ż)	['ʃpada]
sabre (m)	**szabla** (ż)	['ʃabʎa]
lança (f)	**kopia** (ż), **włócznia** (ż)	['kɔpʰja], ['vwɔʧɲa]
arco (m)	**łuk** (m)	[wuk]
flecha (f)	**strzała** (ż)	['stʃawa]
mosquete (m)	**muszkiet** (m)	['muʃket]
besta (f)	**kusza** (ż)	['kuʃa]

115. Povos da antiguidade

primitivo	**pierwotny**	[per'vɔtnɨ]
pré-histórico	**prehistoryczny**	[prɛhistɔ'rɨʧnɨ]
antigo	**dawny**	['davnɨ]
Idade (f) da Pedra	**Epoka** (ż) **kamienna**	[ɛ'pɔka ka'meŋa]
Idade (f) do Bronze	**Epoka** (ż) **brązu**	[ɛ'pɔka 'brɔ̃zu]
período (m) glacial	**Epoka** (ż) **lodowcowa**	[ɛ'pɔka lɜdɔf'tsɔva]
tribo (f)	**plemię** (n)	['plemɛ̃]
canibal (m)	**kanibal** (m)	[ka'nibaʎ]
caçador (m)	**myśliwy** (m)	[mɨɕ'livɨ]
caçar (vi)	**polować**	[pɔ'lɜvaʧ]
mamute (m)	**mamut** (m)	['mamut]
caverna (f)	**jaskinia** (ż)	[jas'kiɲa]
fogo (m)	**ogień** (m)	['ɔgeɲ]
fogueira (f)	**ognisko** (n)	[ɔg'niskɔ]
pintura (f) rupestre	**malowidło** (n) **naskalne**	[malɜ'vidwɔ nas'kaʎnɛ]
ferramenta (f)	**narzędzie** (n) **pracy**	[na'ʒɛ̃ʤe 'pratsɨ]
lança (f)	**kopia** (ż), **włócznia** (ż)	['kɔpʰja], ['vwɔʧɲa]
machado (m) de pedra	**topór** (m) **kamienny**	['tɔpur ka'meŋɨ]
guerrear (vt)	**wojować**	[vɔʒvaʧ]
domesticar (vt)	**oswajać zwierzęta**	[ɔs'fajaʧ zve'ʒɛnta]
ídolo (m)	**bożek** (m)	['bɔʒɛk]
adorar, venerar (vt)	**czcić**	[ʧʧiʧ]
superstição (f)	**przesąd** (m)	['pʃɛsɔ̃t]
ritual (m)	**obrzęd** (m)	['ɔbʒɛ̃t]
evolução (f)	**ewolucja** (ż)	[ɛvɔ'lytsʰja]
desenvolvimento (m)	**rozwój** (m)	['rɔzvuj]
desaparecimento (m)	**zniknięcie** (n)	[znik'nɛ̃ʧe]
adaptar-se (vr)	**adaptować się**	[adap'tɔvaʧ ɕɛ̃]
arqueologia (f)	**archeologia** (ż)	[arhɛɔ'lɜgʰja]
arqueólogo (m)	**archeolog** (m)	[arhɛ'ɔlɜk]
arqueológico	**archeologiczny**	[arhɛɔlɜ'giʧnɨ]
local (m) das escavações	**wykopaliska** (l.mn.)	[vɨkɔpa'liska]
escavações (f pl)	**prace** (l.mn.) **wykopaliskowe**	['pratsɛ vɨkɔpalis'kɔvɛ]
achado (m)	**znalezisko** (n)	[znale'ʒiskɔ]
fragmento (m)	**fragment** (m)	['fragmɛnt]

116. Idade média

povo (m)	**naród** (m)	['narut]
povos (m pl)	**narody** (l.mn.)	[na'rɔdɨ]
tribo (f)	**plemię** (n)	['plemɛ̃]
tribos (f pl)	**plemiona** (l.mn.)	[ple'mɜna]
bárbaros (m pl)	**Barbarzyńcy** (l.mn.)	[barba'ʒɨɲtsɨ]

gauleses (m pl)	**Gallowie** (l.mn.)	[gal'lɜve]
godos (m pl)	**Goci** (l.mn.)	['gɔʧi]
eslavos (m pl)	**Słowianie** (l.mn.)	[swɔ'vʲane]
víquingues (m pl)	**Wikingowie** (l.mn.)	[viki'ŋɔve]
romanos (m pl)	**Rzymianie** (l.mn.)	[ʒɨ'mʲane]
romano	**rzymski**	['ʒɨmski]
bizantinos (m pl)	**Bizantyjczycy** (l.mn.)	[bizantɨjt'ʃɨʦɨ]
Bizâncio	**Bizancjum** (n)	[bi'zanʦʰjum]
bizantino	**bizantyjski**	[bizan'tɨjski]
imperador (m)	**cesarz** (m)	['ʦɛsaʃ]
líder (m)	**wódz** (m)	[vuʦ]
poderoso	**potężny**	[pɔ'tɛnʒnɨ]
rei (m)	**król** (m)	[kruʎ]
governante (m)	**władca** (m)	['vwatʦa]
cavaleiro (m)	**rycerz** (m)	['rɨʦɛʃ]
senhor feudal (m)	**feudał** (m)	[fɛ'udaw]
feudal	**feudalny**	[fɛu'daʎnɨ]
vassalo (m)	**wasal** (m)	['vasaʎ]
duque (m)	**książę** (m)	[kɕɔ̃ʒɛ̃]
conde (m)	**hrabia** (m)	['hrabʲa]
barão (m)	**baron** (m)	['barɔn]
bispo (m)	**biskup** (m)	['biskup]
armadura (f)	**zbroja** (ż)	['zbrɔja]
escudo (m)	**tarcza** (ż)	['tarʧa]
espada (f)	**miecz** (m)	[meʧ]
viseira (f)	**przyłbica** (ż)	[pʃɨw'biʦa]
cota (f) de malha	**kolczuga** (ż)	[kɔʎt'ʃuga]
cruzada (f)	**wyprawa** (ż) **krzyżowa**	[vɨp'rava kʃɨ'ʒɔva]
cruzado (m)	**krzyżak** (m)	['kʃɨʒak]
território (m)	**terytorium** (n)	[tɛrɨ'tɔrʰjum]
atacar (vt)	**napadać**	[na'padaʧ]
conquistar (vt)	**zawojować**	[zavɔɜvaʧ]
ocupar, invadir (vt)	**zająć**	['zaɔ̃ʧ]
assédio, sítio (m)	**oblężenie** (n)	[ɔblɛ̃'ʒɛne]
sitiado	**oblężony**	[ɔblɛ̃'ʒɔnɨ]
assediar, sitiar (vt)	**oblegać**	[ɔb'legaʧ]
inquisição (f)	**inkwizycja** (ż)	[iŋkfi'zɨʦʰja]
inquisidor (m)	**inkwizytor** (m)	[iŋkfi'zɨtɔr]
tortura (f)	**tortury** (l.mn.)	[tɔr'turɨ]
cruel	**okrutny**	[ɔk'rutnɨ]
herege (m)	**heretyk** (m)	[hɛ'rɛtɨk]
heresia (f)	**herezja** (ż)	[hɛ'rɛzʰja]
navegação (f) marítima	**nawigacja** (ż)	[navi'gaʦʰja]
pirata (m)	**pirat** (m)	['pirat]
pirataria (f)	**piractwo** (n)	[pi'raʦtfɔ]

abordagem (f)	**abordaż** (m)	[a'bɔrdaʃ]
presa (f), butim (m)	**łup** (m)	[wup]
tesouros (m pl)	**skarby** (l.mn.)	['skarbɨ]
descobrimento (m)	**odkrycie** (n)	[ɔtk'rɨʧe]
descobrir (novas terras)	**odkryć**	['ɔtkrɨʧ]
expedição (f)	**ekspedycja** (ż)	[ɛkspɛ'dɨʦʰja]
mosqueteiro (m)	**muszkieter** (m)	[muʃ'ketɛr]
cardeal (m)	**kardynał** (m)	[kar'dɨnaw]
heráldica (f)	**heraldyka** (ż)	[hɛ'raʎdɨka]
heráldico	**heraldyczny**	[hɛraʎ'dɨʧnɨ]

117. Líder. Chefe. Autoridades

rei (m)	**król** (m)	[kruʎ]
rainha (f)	**królowa** (ż)	[kru'lɜva]
real	**królewski**	[kru'lefski]
reino (m)	**królestwo** (n)	[kru'lestfɔ]
príncipe (m)	**książę** (m)	[kɕɔ̃ʒɛ̃]
princesa (f)	**księżniczka** (ż)	[kɕɛ̃ʒ'niʧka]
presidente (m)	**prezydent** (m)	[prɛ'zɨdɛnt]
vice-presidente (m)	**wiceprezydent** (m)	[viʦɛprɛ'zɨdɛnt]
senador (m)	**senator** (m)	[sɛ'natɔr]
monarca (m)	**monarcha** (m)	[mɔ'narha]
governante (m)	**władca** (m)	['vwatʦa]
ditador (m)	**dyktator** (m)	[dɨk'tatɔr]
tirano (m)	**tyran** (m)	['tɨran]
magnata (m)	**magnat** (m)	['magnat]
diretor (m)	**dyrektor** (m)	[dɨ'rɛktɔr]
chefe (m)	**szef** (m)	[ʃɛf]
dirigente (m)	**kierownik** (m)	[ke'rɔvnik]
patrão (m)	**szef** (m)	[ʃɛf]
dono (m)	**właściciel** (m)	[vwaɕ'ʧiʧeʎ]
chefe (~ de delegação)	**głowa** (ż)	['gwɔva]
autoridades (f pl)	**władze** (l.mn.)	['vwaʤɛ]
superiores (m pl)	**kierownictwo** (n)	[kerɔv'niʦtfɔ]
governador (m)	**gubernator** (m)	[gubɛr'natɔr]
cônsul (m)	**konsul** (m)	['kɔnsuʎ]
diplomata (m)	**dyplomata** (m)	[dɨplɜ'mata]
Presidente (m) da Câmara	**mer** (m)	[mɛr]
xerife (m)	**szeryf** (m)	['ʃɛrɨf]
imperador (m)	**cesarz** (m)	['ʦɛsaʃ]
czar (m)	**car** (m)	[ʦar]
faraó (m)	**faraon** (m)	[fa'raɔn]
cã (m)	**chan** (m)	[han]

118. Viloação da lei. Criminosos. Parte 1

bandido (m)	**bandyta** (m)	[ban'dɨta]
crime (m)	**przestępstwo** (n)	[pʃɛs'tɛ̃pstfɔ]
criminoso (m)	**przestępca** (m)	[pʃɛs'tɛ̃ptsa]
ladrão (m)	**złodziej** (m)	['zwɔdʒej]
roubar (vt)	**kraść**	[kraɕtʃ]
furto (m)	**złodziejstwo** (n)	[zwɔ'dʒejstfɔ]
furto (m)	**kradzież** (ż)	['kradʒeʃ]
raptar (ex. ~ uma criança)	**porwać**	['pɔrvatʃ]
rapto (m)	**porwanie** (n)	[pɔr'vane]
raptor (m)	**porywacz** (m)	[pɔ'rɨvatʃ]
resgate (m)	**okup** (m)	['ɔkup]
pedir resgate	**żądać okupu**	['ʒɔ̃datʃ ɔ'kupu]
roubar (vt)	**rabować**	[ra'bɔvatʃ]
assaltante (m)	**rabuś** (m)	['rabuɕ]
extorquir (vt)	**wymuszać**	[vɨ'muʃatʃ]
extorsionário (m)	**szantażysta** (m)	[ʃanta'ʒɨsta]
extorsão (f)	**wymuszanie** (n)	[vɨmu'ʃane]
matar, assassinar (vt)	**zabić**	['zabitʃ]
homicídio (m)	**zabójstwo** (n)	[za'bujstfɔ]
homicida, assassino (m)	**zabójca** (m)	[za'bujtsa]
tiro (m)	**strzał** (m)	[stʃaw]
dar um tiro	**wystrzelić**	[vɨst'ʃɛlitʃ]
matar a tiro	**zastrzelić**	[zast'ʃɛlitʃ]
atirar, disparar (vi)	**strzelać**	['stʃɛʎatʃ]
tiroteio (m)	**strzelanina** (ż)	[stʃɛʎa'nina]
incidente (m)	**wypadek** (m)	[vɨ'padɛk]
briga (~ de rua)	**bójka** (ż)	['bujka]
vítima (f)	**ofiara** (ż)	[ɔ'fʲara]
danificar (vt)	**uszkodzić**	[uʃ'kɔdʒitʃ]
dano (m)	**uszczerbek** (m)	[uʃt'ʃɛrbɛk]
cadáver (m)	**zwłoki** (l.mn.)	['zvwɔki]
grave	**ciężki**	['tʃenʃki]
atacar (vt)	**napaść**	['napaɕtʃ]
bater (espancar)	**bić**	[bitʃ]
espancar (vt)	**pobić**	['pɔbitʃ]
tirar, roubar (dinheiro)	**zabrać**	['zabratʃ]
esfaquear (vt)	**zadźgać**	['zʲadʒgatʃ]
mutilar (vt)	**okaleczyć**	[ɔka'letʃitʃ]
ferir (vt)	**zranić**	['zranitʃ]
chantagem (f)	**szantaż** (m)	['ʃantaʃ]
chantagear (vt)	**szantażować**	[ʃanta'ʒɔvatʃ]
chantagista (m)	**szantażysta** (m)	[ʃanta'ʒɨsta]

extorsão (em troca de proteção)	**wymuszania** (l.mn.)	[vɨmu'ʃaɲa]
extorsionário (m)	**kanciarz** (m)	['kanʧaʃ]
gângster (m)	**gangster** (m)	['gaŋstɛr]
máfia (f)	**mafia** (ż)	['mafʲja]
carteirista (m)	**kieszonkowiec** (m)	[keʃɔ'ŋkɔvets]
assaltante, ladrão (m)	**włamywacz** (m)	[vwa'mɨvaʧ]
contrabando (m)	**przemyt** (m)	['pʃɛmɨt]
contrabandista (m)	**przemytnik** (m)	[pʃɛ'mɨtnik]
falsificação (f)	**falsyfikat** (m)	[faʎsɨ'fikat]
falsificar (vt)	**podrabiać**	[pɔd'rabʲaʧ]
falsificado	**fałszywy**	[faw'ʃɨvɨ]

119. Viloação da lei. Criminosos. Parte 2

violação (f)	**gwałt** (m)	[gvawt]
violar (vt)	**zgwałcić**	['gvawʧiʧ]
violador (m)	**gwałciciel** (m)	[gvaw'ʧiʧeʎ]
maníaco (m)	**maniak** (m)	['maɲjak]
prostituta (f)	**prostytutka** (ż)	[prɔstɨ'tutka]
prostituição (f)	**prostytucja** (ż)	[prɔstɨ'tutsʰja]
chulo (m)	**sutener** (m)	[su'tɛnɛr]
toxicodependente (m)	**narkoman** (m)	[nar'kɔman]
traficante (m)	**handlarz narkotyków** (m)	['handʎaʒ narkɔ'tɨkuf]
explodir (vt)	**wysadzić w powietrze**	[vɨ'sadʒiʧ f pɔ'veʧɛ]
explosão (f)	**wybuch** (m)	['vɨbuh]
incendiar (vt)	**podpalić**	[pɔt'paliʧ]
incendiário (m)	**podpalacz** (m)	[pɔt'paʎaʧ]
terrorismo (m)	**terroryzm** (m)	[tɛ'rɔrɨzm]
terrorista (m)	**terrorysta** (m)	[tɛrɔ'rɨsta]
refém (m)	**zakładnik** (m)	[zak'wadnik]
enganar (vt)	**oszukać**	[ɔ'ʃukaʧ]
engano (m)	**oszustwo** (n)	[ɔ'ʃustfɔ]
vigarista (m)	**oszust** (m)	['ɔʃust]
subornar (vt)	**przekupić**	[pʃɛ'kupiʧ]
suborno (atividade)	**przekupstwo** (n)	[pʃɛ'kupstfɔ]
suborno (dinheiro)	**łapówka** (ż)	[wa'pufka]
veneno (m)	**trucizna** (ż)	[tru'ʧizna]
envenenar (vt)	**otruć**	['ɔtruʧ]
envenenar-se (vr)	**otruć się**	['ɔtruʧ ɕɛ̃]
suicídio (m)	**samobójstwo** (ż)	[samɔ'bujstfɔ]
suicida (m)	**samobójca** (m)	[samɔ'bujtsa]
ameaçar (vt)	**grozić**	['grɔʒiʧ]
ameaça (f)	**groźba** (ż)	['grɔʑʲba]

atentar contra a vida de ...	**targnąć się**	['targnɔ̃tʃ ɕɛ̃]
atentado (m)	**zamach** (m)	['zamah]
roubar (o carro)	**ukraść**	['ukraɕtʃ]
desviar (o avião)	**porwać**	['pɔrvatʃ]
vingança (f)	**zemsta** (ż)	['zɛmsta]
vingar (vt)	**mścić się**	[mɕtʃitʃ ɕɛ̃]
torturar (vt)	**torturować**	[tɔrtu'rɔvatʃ]
tortura (f)	**tortury** (l.mn.)	[tɔr'turɨ]
atormentar (vt)	**znęcać się**	['znɛntsatʃ ɕɛ̃]
pirata (m)	**pirat** (m)	['pirat]
desordeiro (m)	**chuligan** (m)	[hu'ligan]
armado	**uzbrojony**	[uzbrɔʒnɨ]
violência (f)	**przemoc** (ż)	['pʃɛmɔts]
espionagem (f)	**szpiegostwo** (n)	[ʃpe'gɔstfɔ]
espionar (vi)	**szpiegować**	[ʃpe'gɔvatʃ]

120. Polícia. Lei. Parte 1

justiça (f)	**sprawiedliwość** (ż)	[spraved'livɔɕtʃ]
tribunal (m)	**sąd** (m)	[sɔ̃t]
juiz (m)	**sędzia** (m)	['sɛ̃dʒʲa]
jurados (m pl)	**przysięgli** (l.mn.)	[pʃɨ'ɕeŋli]
tribunal (m) do júri	**sąd** (m) **przysięgłych**	[sɔ̃t pʃɨ'ɕeŋwɨh]
julgar (vt)	**sądzić**	['sɔ̃ʲdʒitʃ]
advogado (m)	**adwokat** (m)	[ad'vɔkat]
réu (m)	**oskarżony** (m)	[ɔskar'ʒɔnɨ]
banco (m) dos réus	**ława** (ż) **oskarżonych**	['wava ɔskar'ʒɔnɨh]
acusação (f)	**oskarżenie** (n)	[ɔskar'ʒɛne]
acusado (m)	**oskarżony** (m)	[ɔskar'ʒɔnɨ]
sentença (f)	**wyrok** (m)	['vɨrɔk]
sentenciar (vt)	**skazać**	['skazatʃ]
culpado (m)	**sprawca** (m), **winny** (m)	['spraftsa], ['viŋɨ]
punir (vt)	**ukarać**	[u'karatʃ]
punição (f)	**kara** (ż)	['kara]
multa (f)	**kara** (ż)	['kara]
prisão (f) perpétua	**dożywocie** (n)	[dɔʒɨ'vɔtʃe]
pena (f) de morte	**kara śmierci** (ż)	['kara 'ɕmertʃi]
cadeira (f) elétrica	**krzesło** (n) **elektryczne**	['kʃɛswɔ ɛlekt'rɨtʃnɛ]
forca (f)	**szubienica** (ż)	[ʃube'nitsa]
executar (vt)	**stracić**	['stratʃitʃ]
execução (f)	**egzekucja** (ż)	[ɛgzɛ'kutsʰja]
prisão (f)	**więzienie** (n)	[vɛ̃'ʒene]

cela (f) de prisão	**cela** (ż)	['tsɛʎa]
escolta (f)	**konwój** (m)	['kɔnvuj]
guarda (m) prisional	**nadzorca** (m)	[na'dzɔrtsa]
preso (m)	**więzień** (m)	['vepʒɛ̃]
algemas (f pl)	**kajdanki** (l.mn.)	[kaj'daŋki]
algemar (vt)	**założyć kajdanki**	[za'wɔʒɨtʃ kaj'daŋki]
fuga, evasão (f)	**ucieczka** (ż)	[u'tʃetʃka]
fugir (vi)	**uciec**	['utʃets]
desaparecer (vi)	**zniknąć**	['zniknɔ̃tʃ]
soltar, libertar (vt)	**zwolnić**	['zvɔʎnitʃ]
amnistia (f)	**amnestia** (ż)	[am'nɛstʰja]
polícia (instituição)	**policja** (ż)	[pɔ'litsʰja]
polícia (m)	**policjant** (m)	[pɔ'litsʰjant]
esquadra (f) de polícia	**komenda** (ż)	[kɔ'mɛnda]
cassetete (m)	**pałka** (ż) **gumowa**	['pawka gu'mɔva]
megafone (m)	**głośnik** (m)	['gwɔɕnik]
carro (m) de patrulha	**samochód** (m) **patrolowy**	[sa'mɔhut patrɔ'lɜvɨ]
sirene (f)	**syrena** (ż)	[sɨ'rɛna]
ligar a sirene	**włączyć syrenę**	['vwɔ̃tʃɨtʃ sɨ'rɛnɛ̃]
toque (m) da sirene	**wycie** (n) **syreny**	['vɨtʃe sɨ'rɛnɨ]
cena (f) do crime	**miejsce** (n) **zdarzenia**	['mejstsɛ zda'ʒɛɲa]
testemunha (f)	**świadek** (m)	['ɕfʲadɛk]
liberdade (f)	**wolność** (ż)	['vɔʎnɔɕtʃ]
cúmplice (m)	**współsprawca** (m)	[fspuwsp'raftsa]
escapar (vi)	**ukryć się**	['ukrɨtʃ ɕɛ̃]
traço (não deixar ~s)	**ślad** (m)	[ɕʎat]

121. Polícia. Lei. Parte 2

procura (f)	**poszukiwania** (l.mn.)	[pɔʃuki'vaɲa]
procurar (vt)	**poszukiwać**	[pɔʃu'kivatʃ]
suspeita (f)	**podejrzenie** (n)	[pɔdɛj'ʒɛne]
suspeito	**podejrzany**	[pɔdɛj'ʒanɨ]
parar (vt)	**zatrzymać**	[zat'ʃɨmatʃ]
deter (vt)	**zatrzymać**	[zat'ʃɨmatʃ]
caso (criminal)	**sprawa** (ż)	['sprava]
investigação (f)	**śledztwo** (n)	['ɕletstfɔ]
detetive (m)	**detektyw** (m)	[dɛ'tɛktɨv]
investigador (m)	**śledczy** (m)	['ɕlettʃɨ]
versão (f)	**wersja** (ż)	['vɛrsʰja]
motivo (m)	**motyw** (m)	['mɔtɨf]
interrogatório (m)	**przesłuchanie** (n)	[pʃɛswu'hane]
interrogar (vt)	**przesłuchiwać**	[pʃɛswu'hivatʃ]
questionar (vt)	**przesłuchiwać**	[pʃɛswu'hivatʃ]
verificação (f)	**kontrola** (ż)	[kɔnt'rɔʎa]
batida (f) policial	**obława** (ż)	[ɔb'wava]
busca (f)	**rewizja** (ż)	[rɛ'vizʰja]

perseguição (f)	**pogoń** (ż)	['pɔgɔɲ]
perseguir (vt)	**ścigać**	['ɕtʃigatʃ]
seguir (vt)	**śledzić**	['ɕledʒitʃ]
prisão (f)	**areszt** (m)	['arɛʃt]
prender (vt)	**aresztować**	[arɛʃ'tɔvatʃ]
pegar, capturar (vt)	**złapać**	['zwapatʃ]
captura (f)	**pojmanie** (n)	[pɔj'manie]
documento (m)	**dokument** (m)	[dɔ'kumɛnt]
prova (f)	**dowód** (m)	['dɔvut]
provar (vt)	**udowadniać**	[udɔ'vadɲatʃ]
pegada (f)	**ślad** (m)	[ɕʎat]
impressões (f pl) digitais	**odciski** (l.mn.) **palców**	[ɔ'tʃiski 'paʎtsuf]
prova (f)	**poszlaka** (ż)	[pɔʃ'ʎaka]
álibi (m)	**alibi** (n)	[a'libi]
inocente	**niewinny**	[ne'viŋɨ]
injustiça (f)	**niesprawiedliwość** (ż)	[nespraved'livɔɕtʃ]
injusto	**niesprawiedliwy**	[nespraved'livɨ]
criminal	**kryminalny**	[krɨmi'naʎnɨ]
confiscar (vt)	**konfiskować**	[kɔnfis'kɔvatʃ]
droga (f)	**narkotyk** (m)	[nar'kɔtɨk]
arma (f)	**broń** (ż)	[brɔɲ]
desarmar (vt)	**rozbroić**	[rɔzb'rɔitʃ]
ordenar (vt)	**rozkazywać**	[rɔska'zɨvatʃ]
desaparecer (vi)	**zniknąć**	['zniknɔ̃tʃ]
lei (f)	**prawo** (n)	['pravɔ]
legal	**legalny**	[le'gaʎnɨ]
ilegal	**nielegalny**	[nele'gaʎnɨ]
responsabilidade (f)	**odpowiedzialność** (ż)	[ɔtpɔve'dʒʲaʎnɔɕtʃ]
responsável	**odpowiedzialny**	[ɔtpɔve'dʒʲaʎnɨ]

NATUREZA

A Terra. Parte 1

122. Espaço sideral

cosmos (m)	**kosmos** (m)	['kɔsmɔs]
cósmico	**kosmiczny**	[kɔs'mitʃnɨ]
espaço (m) cósmico	**przestrzeń** (ż) **kosmiczna**	['pʃɛstʃɛɲ kɔs'mitʃna]
mundo (m)	**świat** (m)	[ɕfʲat]
universo (m)	**wszechświat** (m)	['fʃɛhɕfʲat]
galáxia (f)	**galaktyka** (ż)	[ga'ʎaktɨka]
estrela (f)	**gwiazda** (ż)	['gvʲazda]
constelação (f)	**gwiazdozbiór** (m)	[gvʲaz'dɔzbyr]
planeta (m)	**planeta** (ż)	[pʎa'nɛta]
satélite (m)	**satelita** (m)	[satɛ'lita]
meteorito (m)	**meteoryt** (m)	[mɛtɛ'ɔrɨt]
cometa (m)	**kometa** (ż)	[kɔ'mɛta]
asteroide (m)	**asteroida** (ż)	[astɛrɔ'ida]
órbita (f)	**orbita** (ż)	[ɔr'bita]
girar (vi)	**obracać się**	[ɔb'ratsatʃ ɕɛ̃]
atmosfera (f)	**atmosfera** (ż)	[atmɔs'fɛra]
Sol (m)	**Słońce** (n)	['swɔɲtsɛ]
Sistema (m) Solar	**Układ** (m) **Słoneczny**	['ukwad swɔ'nɛtʃnɨ]
eclipse (m) solar	**zaćmienie** (n) **słońca**	[zatʃ'mene 'swɔɲtsa]
Terra (f)	**Ziemia** (ż)	['ʒemʲa]
Lua (f)	**Księżyc** (m)	['kɕenʒɨts]
Marte (m)	**Mars** (m)	[mars]
Vénus (f)	**Wenus** (ż)	['vɛnus]
Júpiter (m)	**Jowisz** (m)	[ʒviʃ]
Saturno (m)	**Saturn** (m)	['saturn]
Mercúrio (m)	**Merkury** (m)	[mɛr'kurɨ]
Urano (m)	**Uran** (m)	['uran]
Neptuno (m)	**Neptun** (m)	['nɛptun]
Plutão (m)	**Pluton** (m)	['plytɔn]
Via Láctea (f)	**Droga** (ż) **Mleczna**	['drɔga 'mletʃna]
Ursa Maior (f)	**Wielki Wóz** (m)	['veʎki vus]
Estrela Polar (f)	**Gwiazda** (ż) **Polarna**	['gvʲazda pɔ'ʎarna]
marciano (m)	**Marsjanin** (m)	[marsʰ'janin]
extraterrestre (m)	**kosmita** (m)	[kɔs'mita]

alienígena (m)	**obcy** (m)	['ɔbʦɨ]
disco (m) voador	**talerz** (m) **latający**	['taleʃ ʎataɔ̃ʦɨ]
nave (f) espacial	**statek** (m) **kosmiczny**	['statɛk kɔs'miʧnɨ]
estação (f) orbital	**stacja** (ż) **kosmiczna**	['staʦʰja kɔs'miʧna]
lançamento (m)	**start** (m)	[start]
motor (m)	**silnik** (m)	['ɕiʎnik]
bocal (m)	**dysza** (ż)	['dɨʃa]
combustível (m)	**paliwo** (n)	[pa'livɔ]
cabine (f)	**kabina** (ż)	[ka'bina]
antena (f)	**antena** (ż)	[an'tɛna]
vigia (f)	**iluminator** (m)	[ilymi'natɔr]
bateria (f) solar	**bateria** (ż) **słoneczna**	[ba'tɛrʰja swɔ'nɛʧna]
traje (m) espacial	**skafander** (m)	[ska'fandɛr]
imponderabilidade (f)	**nieważkość** (ż)	[ne'vaʃkɔɕʧ]
oxigénio (m)	**tlen** (m)	[tlen]
acoplagem (f)	**połączenie** (n)	[pɔwɔ̃t'ʃɛne]
fazer uma acoplagem	**łączyć się**	['wɔ̃ʧɨʧ ɕɛ̃]
observatório (m)	**obserwatorium** (n)	[ɔbsɛrva'tɔrʰjum]
telescópio (m)	**teleskop** (m)	[tɛ'leskɔp]
observar (vt)	**obserwować**	[ɔbsɛr'vɔvaʧ]
explorar (vt)	**badać**	['badaʧ]

123. A Terra

Terra (f)	**Ziemia** (ż)	['ʒemʲa]
globo terrestre (Terra)	**kula** (ż) **ziemska**	['kuʎa 'ʒemska]
planeta (m)	**planeta** (ż)	[pʎa'nɛta]
atmosfera (f)	**atmosfera** (ż)	[atmɔs'fɛra]
geografia (f)	**geografia** (ż)	[gɛɔg'rafʰja]
natureza (f)	**przyroda** (ż)	[pʃɨ'rɔda]
globo (mapa esférico)	**globus** (m)	['glɜbus]
mapa (m)	**mapa** (ż)	['mapa]
atlas (m)	**atlas** (m)	['atʎas]
Europa (f)	**Europa** (ż)	[ɛu'rɔpa]
Ásia (f)	**Azja** (ż)	['azʰja]
África (f)	**Afryka** (ż)	['afrɨka]
Austrália (f)	**Australia** (ż)	[aust'raʎja]
América (f)	**Ameryka** (ż)	[a'mɛrɨka]
América (f) do Norte	**Ameryka** (ż) **Północna**	[a'mɛrɨka puw'nɔʦna]
América (f) do Sul	**Ameryka** (ż) **Południowa**	[a'mɛrɨka pɔwud'nɜva]
Antártida (f)	**Antarktyda** (ż)	[antark'tɨda]
Ártico (m)	**Arktyka** (ż)	['arktɨka]

124. Pontos cardeais

norte (m)	**północ** (ż)	['puwnɔʦ]
para norte	**na północ**	[na 'puwnɔʦ]
no norte	**na północy**	[na puw'nɔʦɨ]
do norte	**północny**	[puw'nɔʦnɨ]
sul (m)	**południe** (n)	[pɔ'wudne]
para sul	**na południe**	[na pɔ'wudne]
no sul	**na południu**	[na pɔ'wudny]
do sul	**południowy**	[pɔwud'nɜvɨ]
oeste, ocidente (m)	**zachód** (m)	['zahut]
para oeste	**na zachód**	[na 'zahut]
no oeste	**na zachodzie**	[na za'hɔʤe]
ocidental	**zachodni**	[za'hɔdni]
leste, oriente (m)	**wschód** (m)	[fshut]
para leste	**na wschód**	['na fshut]
no leste	**na wschodzie**	[na 'fshɔʤe]
oriental	**wschodni**	['fshɔdni]

125. Mar. Oceano

mar (m)	**morze** (n)	['mɔʒɛ]
oceano (m)	**ocean** (m)	[ɔ'ʦɛan]
golfo (m)	**zatoka** (ż)	[za'tɔka]
estreito (m)	**cieśnina** (ż)	[ʧeɕ'nina]
terra (f) firme	**ląd** (m)	[lɔ̃t]
continente (m)	**kontynent** (m)	[kɔn'tɨnɛnt]
ilha (f)	**wyspa** (ż)	['vɨspa]
península (f)	**półwysep** (m)	[puw'vɨsɛp]
arquipélago (m)	**archipelag** (m)	[arhi'pɛʎak]
baía (f)	**zatoka** (ż)	[za'tɔka]
porto (m)	**port** (m)	[pɔrt]
lagoa (f)	**laguna** (ż)	[ʎa'guna]
cabo (m)	**przylądek** (m)	[pʃɨlɔ̃dɛk]
atol (m)	**atol** (m)	['atɔʎ]
recife (m)	**rafa** (ż)	['rafa]
coral (m)	**koral** (m)	['kɔral]
recife (m) de coral	**rafa** (ż) **koralowa**	['rafa kɔra'lɜva]
profundo	**głęboki**	[gwɛ̃'bɔki]
profundidade (f)	**głębokość** (ż)	[gwɛ̃'bɔkɔɕʧ]
abismo (m)	**otchłań** (ż)	['ɔthwaɲ]
fossa (f) oceânica	**rów** (m)	[ruf]
corrente (f)	**prąd** (m)	[prɔ̃t]
banhar (vt)	**omywać**	[ɔ'mɨvaʧ]
litoral (m)	**brzeg** (m)	[bʒɛk]

costa (f)	**wybrzeże** (n)	[vɨb'ʒɛʒe]
maré (f) alta	**przypływ** (m)	['pʃɨpwɨf]
refluxo (m), maré (f) baixa	**odpływ** (m)	['ɔtpwɨf]
restinga (f)	**mielizna** (ż)	[me'lizna]
fundo (m)	**dno** (n)	[dnɔ]
onda (f)	**fala** (ż)	['faʎa]
crista (f) da onda	**grzywa** (ż) **fali**	['gʒɨva 'fali]
espuma (f)	**piana** (ż)	['pʲana]
tempestade (f)	**burza** (ż)	['buʒa]
furacão (m)	**huragan** (m)	[hu'ragan]
tsunami (m)	**tsunami** (n)	[ʦu'nami]
calmaria (f)	**cisza** (ż) **morska**	['ʧiʃa 'mɔrska]
calmo	**spokojny**	[spɔ'kɔjnɨ]
polo (m)	**biegun** (m)	['begun]
polar	**polarny**	[pɔ'ʎarnɨ]
latitude (f)	**szerokość** (ż)	[ʃɛ'rɔkɔɕʧ]
longitude (f)	**długość** (ż)	['dwugɔɕʧ]
paralela (f)	**równoleżnik** (m)	[ruvnɔ'leʒnik]
equador (m)	**równik** (m)	['ruvnik]
céu (m)	**niebo** (n)	['nebɔ]
horizonte (m)	**horyzont** (m)	[hɔ'rɨzɔnt]
ar (m)	**powietrze** (n)	[pɔ'veʧɛ]
farol (m)	**latarnia** (ż) **morska**	[ʎa'tarɲa 'mɔrska]
mergulhar (vi)	**nurkować**	[nur'kɔvaʧ]
afundar-se (vr)	**zatonąć**	[za'tɔ̃ɔɲʧ]
tesouros (m pl)	**skarby** (l.mn.)	['skarbɨ]

126. Nomes de Mares e Oceanos

Oceano (m) Atlântico	**Ocean** (m) **Atlantycki**	[ɔ'ʦɛan atlan'tɨʦki]
Oceano (m) Índico	**Ocean** (m) **Indyjski**	[ɔ'ʦɛan in'dɨjski]
Oceano (m) Pacífico	**Ocean** (m) **Spokojny**	[ɔ'ʦɛan spɔ'kɔjnɨ]
Oceano (m) Ártico	**Ocean** (m) **Lodowaty Północny**	[ɔ'ʦɛan lɔdɔ'vatɨ puw'nɔʦnɨ]
Mar (m) Negro	**Morze** (n) **Czarne**	['mɔʒɛ 'ʧarnɛ]
Mar (m) Vermelho	**Morze** (n) **Czerwone**	['mɔʒɛ ʧɛr'vɔnɛ]
Mar (m) Amarelo	**Morze** (n) **Żółte**	['mɔʒɛ 'ʒuwtɛ]
Mar (m) Branco	**Morze** (n) **Białe**	['mɔʒɛ 'bʲawɛ]
Mar (m) Cáspio	**Morze** (n) **Kaspijskie**	['mɔʒɛ kas'pijske]
Mar (m) Morto	**Morze** (n) **Martwe**	['mɔʒɛ 'martfɛ]
Mar (m) Mediterrâneo	**Morze** (n) **Śródziemne**	['mɔʒɛ ɕry'ʤemnɛ]
Mar (m) Egeu	**Morze** (n) **Egejskie**	['mɔʒɛ ɛ'gejske]
Mar (m) Adriático	**Morze** (n) **Adriatyckie**	['mɔʒɛ adrʰja'tɨʦke]
Mar (m) Arábico	**Morze** (n) **Arabskie**	['mɔʒɛ a'rabske]
Mar (m) do Japão	**Morze** (n) **Japońskie**	['mɔʒɛ ja'pɔɲske]

Mar (m) de Bering	**Morze** (n) **Beringa**	['mɔʒɛ bɛ'riŋa]
Mar (m) da China Meridional	**Morze** (n) **Południowochińskie**	['mɔʒɛ pɔwud'nɜvɔ 'hiɲske]
Mar (m) de Coral	**Morze** (n) **Koralowe**	['mɔʒɛ kɔra'lɜvɛ]
Mar (m) de Tasman	**Morze** (n) **Tasmana**	['mɔʒɛ tas'mana]
Mar (m) do Caribe	**Morze** (n) **Karaibskie**	['mɔʒɛ kara'ipske]
Mar (m) de Barents	**Morze** (n) **Barentsa**	['mɔʒɛ ba'rɛntsa]
Mar (m) de Kara	**Morze** (n) **Karskie**	['mɔʒɛ 'karske]
Mar (m) do Norte	**Morze** (n) **Północne**	['mɔʒɛ puw'nɔtsnɛ]
Mar (m) Báltico	**Morze** (n) **Bałtyckie**	['mɔʒɛ baw'tɨtske]
Mar (m) da Noruega	**Morze** (n) **Norweskie**	['mɔʒɛ nɔr'vɛske]

127. Montanhas

montanha (f)	**góra** (ż)	['gura]
cordilheira (f)	**łańcuch** (m) **górski**	['waɲtsuh 'gurski]
serra (f)	**grzbiet** (m) **górski**	[gʒbet 'gurski]
cume (m)	**szczyt** (m)	[ʃtʃɨt]
pico (m)	**szczyt** (m)	[ʃtʃɨt]
sopé (m)	**podnóże** (n)	[pɔd'nuʒɛ]
declive (m)	**zbocze** (n)	['zbɔtʃɛ]
vulcão (m)	**wulkan** (m)	['vuʎkan]
vulcão (m) ativo	**czynny** (m) **wulkan**	['tʃɨŋɨ 'vuʎkan]
vulcão (m) extinto	**wygasły** (m) **wulkan**	[vɨ'gaswɨ 'vuʎkan]
erupção (f)	**wybuch** (m)	['vɨbuh]
cratera (f)	**krater** (m)	['kratɛr]
magma (m)	**magma** (ż)	['magma]
lava (f)	**lawa** (ż)	['ʎava]
fundido (lava ~a)	**rozżarzony**	[rɔzʒa'ʒɔnɨ]
desfiladeiro (m)	**kanion** (m)	['kaɲjɔn]
garganta (f)	**wąwóz** (m)	['vɔ̃vus]
fenda (f)	**rozpadlina** (m)	[rɔspad'lina]
passo, colo (m)	**przełęcz** (ż)	['pʃɛwɛ̃tʃ]
planalto (m)	**płaskowyż** (m)	[pwas'kɔvɨʃ]
falésia (f)	**skała** (ż)	['skawa]
colina (f)	**wzgórze** (ż)	['vzguʒɛ]
glaciar (m)	**lodowiec** (m)	[lɜ'dɔvets]
queda (f) d'água	**wodospad** (m)	[vɔ'dɔspat]
géiser (m)	**gejzer** (m)	['gɛjzɛr]
lago (m)	**jezioro** (m)	[e'ʒɜrɔ]
planície (f)	**równina** (ż)	[ruv'nina]
paisagem (f)	**pejzaż** (m)	['pɛjzaʃ]
eco (m)	**echo** (n)	['ɛhɔ]
alpinista (m)	**alpinista** (m)	[aʎpi'nista]

escalador (m)	**wspinacz** (m)	['fspinatʃ]
conquistar (vt)	**pokonywać**	[pɔkɔ'nɨvatʃ]
subida, escalada (f)	**wspinaczka** (ż)	[fspi'natʃka]

128. Nomes de montanhas

Alpes (m pl)	**Alpy** (l.mn.)	['aʎpɨ]
monte Branco (m)	**Mont Blanc** (m)	[mɔn blan]
Pirineus (m pl)	**Pireneje** (l.mn.)	[pirɛ'nɛe]
Cárpatos (m pl)	**Karpaty** (l.mn.)	[kar'patɨ]
montes (m pl) Urais	**Góry Uralskie** (l.mn.)	['gurɨ u'raʎske]
Cáucaso (m)	**Kaukaz** (m)	['kaukas]
Elbrus (m)	**Elbrus** (m)	['ɛʎbrus]
Altai (m)	**Ałtaj** (m)	['awtaj]
Pamir (m)	**Pamir** (m)	['pamir]
Himalaias (m pl)	**Himalaje** (l.mn.)	[hima'lae]
monte (m) Everest	**Mont Everest** (m)	[mɔnt ɛ'vɛrɛst]
Cordilheira (f) dos Andes	**Andy** (l.mn.)	['andɨ]
Kilimanjaro (m)	**Kilimandżaro** (ż)	[kiliman'dʒarɔ]

129. Rios

rio (m)	**rzeka** (m)	['ʒɛka]
fonte, nascente (f)	**źródło** (n)	['ʑʲrudwɔ]
leito (m) do rio	**koryto** (n)	[kɔ'rɨtɔ]
bacia (f)	**dorzecze** (n)	[dɔ'ʒɛtʃɛ]
desaguar no ...	**wpadać**	['fpadatʃ]
afluente (m)	**dopływ** (m)	['dɔpwɨf]
margem (do rio)	**brzeg** (m)	[bʒɛk]
corrente (f)	**prąd** (m)	[prɔ̃t]
rio abaixo	**z prądem**	[s 'prɔ̃dɛm]
rio acima	**pod prąd**	[pɔt prɔ̃t]
inundação (f)	**powódź** (ż)	['pɔvutʃ]
cheia (f)	**wylew** (m) **rzeki**	['vɨlef 'ʒɛki]
transbordar (vi)	**rozlewać się**	[rɔz'levatʃ ɕɛ̃]
inundar (vt)	**zatapiać**	[za'tapʲatʃ]
banco (m) de areia	**mielizna** (ż)	[me'lizna]
rápidos (m pl)	**próg** (m)	[pruk]
barragem (f)	**tama** (ż)	['tama]
canal (m)	**kanał** (m)	['kanaw]
reservatório (m) de água	**zbiornik** (m) **wodny**	['zbɜrnik 'vɔdnɨ]
eclusa (f)	**śluza** (ż)	['ɕlyza]
corpo (m) de água	**zbiornik** (m) **wodny**	['zbɜrnik 'vɔdnɨ]
pântano (m)	**bagno** (n)	['bagnɔ]

tremedal (m)	**grzęzawisko** (n)	[gʒɛ̃za'viskɔ]
remoinho (m)	**wir** (m) **wodny**	[vir 'vɔdnɨ]
arroio, regato (m)	**potok** (m)	['pɔtɔk]
potável	**pitny**	['pitnɨ]
doce (água)	**słodki**	['swɔtki]
gelo (m)	**lód** (m)	[lyt]
congelar-se (vr)	**zamarznąć**	[za'marznɔ̃tʃ]

130. Nomes de rios

rio Sena (m)	**Sekwana** (ż)	[sɛk'fana]
rio Loire (m)	**Loara** (ż)	[lɜ'ara]
rio Tamisa (m)	**Tamiza** (ż)	[ta'miza]
rio Reno (m)	**Ren** (m)	[rɛn]
rio Danúbio (m)	**Dunaj** (m)	['dunaj]
rio Volga (m)	**Wołga** (ż)	['vɔwga]
rio Don (m)	**Don** (m)	[dɔn]
rio Lena (m)	**Lena** (ż)	['lena]
rio Amarelo (m)	**Huang He** (ż)	[hu'aŋ hɛ]
rio Yangtzé (m)	**Jangcy** (ż)	['jaŋtsɨ]
rio Mekong (m)	**Mekong** (m)	['mɛkɔŋ]
rio Ganges (m)	**Ganges** (m)	['gaŋɛs]
rio Nilo (m)	**Nil** (m)	[niʎ]
rio Congo (m)	**Kongo** (ż)	['kɔŋɔ]
rio Cubango (m)	**Okawango** (ż)	[ɔka'vaŋɔ]
rio Zambeze (m)	**Zambezi** (ż)	[zam'bɛzi]
rio Limpopo (m)	**Limpopo** (ż)	[lim'pɔpɔ]
rio Mississípi (m)	**Mississipi** (ż)	[missis'sipi]

131. Floresta

floresta (f), bosque (m)	**las** (m)	[ʎas]
florestal	**leśny**	['leɕnɨ]
mata (f) cerrada	**gąszcz** (ż)	[gɔ̃ʃtʃ]
arvoredo (m)	**gaj** (m), **lasek** (m)	[gaj], ['ʎasɛk]
clareira (f)	**polana** (ż)	[pɔ'ʎana]
matagal (m)	**zarośla** (l.mn.)	[za'rɔɕʎa]
mato (m)	**krzaki** (l.mn.)	['kʃaki]
vereda (f)	**ścieżka** (ż)	['ɕtʃeʃka]
ravina (f)	**wąwóz** (m)	['vɔ̃vus]
árvore (f)	**drzewo** (n)	['dʒɛvɔ]
folha (f)	**liść** (m)	[liɕtʃ]

folhagem (f)	**listowie** (n)	[lis'tɔve]
queda (f) das folhas	**opadanie** (n) **liści**	[ɔpa'dane 'liɕtʃi]
cair (vi)	**opadać**	[ɔ'padatʃ]
topo (m)	**wierzchołek** (m)	[veʃ'hɔwɛk]
ramo (m)	**gałąź** (ż)	['gawɔ̃ɕ]
galho (m)	**sęk** (m)	[sɛ̃k]
botão, rebento (m)	**pączek** (m)	['pɔ̃tʃɛk]
agulha (f)	**igła** (ż)	['igwa]
pinha (f)	**szyszka** (ż)	['ʃɨʃka]
buraco (m) de árvore	**dziupla** (ż)	['dʒypʎa]
ninho (m)	**gniazdo** (n)	['gɲazdɔ]
toca (f)	**nora** (ż)	['nɔra]
tronco (m)	**pień** (m)	[peɲ]
raiz (f)	**korzeń** (m)	['kɔʒɛɲ]
casca (f) de árvore	**kora** (ż)	['kɔra]
musgo (m)	**mech** (m)	[mɛh]
arrancar pela raiz	**karczować**	[kart'ʃɔvatʃ]
cortar (vt)	**ścinać**	['ɕtʃinatʃ]
desflorestar (vt)	**wycinać**	[vɨ'tʃinatʃ]
toco, cepo (m)	**pieniek** (m)	['penek]
fogueira (f)	**ognisko** (n)	[ɔg'niskɔ]
incêndio (m) florestal	**pożar** (m)	['pɔʒar]
apagar (vt)	**gasić**	['gaɕitʃ]
guarda-florestal (m)	**leśnik** (m)	['leɕnik]
proteção (f)	**ochrona** (ż)	[ɔh'rɔna]
proteger (a natureza)	**chronić**	['hrɔnitʃ]
caçador (m) furtivo	**kłusownik** (m)	[kwu'sɔvnik]
armadilha (f)	**potrzask** (m)	['pɔtʃask]
colher (cogumelos, bagas)	**zbierać**	['zberatʃ]
perder-se (vr)	**zabłądzić**	[zab'wɔ̃dʒitʃ]

132. Recursos naturais

recursos (m pl) naturais	**zasoby** (l.mn.) **naturalne**	[za'sɔbɨ natu'raʎnɛ]
minerais (m pl)	**kopaliny** (l.mn.) **użyteczne**	[kɔpa'linɨ uʒɨ'tɛtʃnɛ]
depósitos (m pl)	**złoża** (l.mn.)	['zwɔʒa]
jazida (f)	**złoże** (n)	['zwɔʒɛ]
extrair (vt)	**wydobywać**	[vɨdɔ'bɨvatʃ]
extração (f)	**wydobywanie** (n)	[vɨdɔbɨ'vane]
minério (m)	**ruda** (ż)	['ruda]
mina (f)	**kopalnia** (ż) **rudy**	[kɔ'paʎɲa 'rudɨ]
poço (m) de mina	**szyb** (m)	[ʃɨb]
mineiro (m)	**górnik** (m)	['gurnik]
gás (m)	**gaz** (m)	[gas]
gasoduto (m)	**gazociąg** (m)	[ga'zɔtʃɔ̃k]

petróleo (m)	**ropa** (ż) **naftowa**	['rɔpa naf'tɔva]
oleoduto (m)	**rurociąg** (m)	[ru'rɔtʃɔ̃k]
poço (m) de petróleo	**szyb** (m) **naftowy**	[ʃɨp naf'tɔvɨ]
torre (f) petrolífera	**wieża** (ż) **wiertnicza**	['veʒa vert'nitʃa]
petroleiro (m)	**tankowiec** (m)	[ta'ŋkɔvets]
areia (f)	**piasek** (m)	['pʲasɛk]
calcário (m)	**wapień** (m)	['vapeɲ]
cascalho (m)	**żwir** (m)	[ʒvir]
turfa (f)	**torf** (m)	[tɔrf]
argila (f)	**glina** (ż)	['glina]
carvão (m)	**węgiel** (m)	['vɛŋeʎ]
ferro (m)	**żelazo** (n)	[ʒɛ'ʎazɔ]
ouro (m)	**złoto** (n)	['zwɔtɔ]
prata (f)	**srebro** (n)	['srɛbrɔ]
níquel (m)	**nikiel** (n)	['nikeʎ]
cobre (m)	**miedź** (ż)	[metʃ]
zinco (m)	**cynk** (m)	[tsɨŋk]
manganês (m)	**mangan** (m)	['maŋan]
mercúrio (m)	**rtęć** (ż)	[rtɛ̃tʃ]
chumbo (m)	**ołów** (m)	['ɔwuf]
mineral (m)	**minerał** (m)	[mi'nɛraw]
cristal (m)	**kryształ** (m)	['krɨʃtaw]
mármore (m)	**marmur** (m)	['marmur]
urânio (m)	**uran** (m)	['uran]

A Terra. Parte 2

133. Tempo

tempo (m)	**pogoda** (ż)	[pɔ'gɔda]
previsão (f) do tempo	**prognoza** (ż) **pogody**	[prɔg'nɔza pɔ'gɔdɨ]
temperatura (f)	**temperatura** (ż)	[tɛmpɛra'tura]
termómetro (m)	**termometr** (m)	[tɛr'mɔmɛtr]
barómetro (m)	**barometr** (m)	[ba'rɔmɛtr]
humidade (f)	**wilgoć** (ż)	['viʎgɔʧ]
calor (m)	**żar** (m)	[ʒar]
cálido	**upalny, gorący**	[u'paʎnɨ], [gɔ'rɔ̃tsɨ]
está muito calor	**gorąco**	[gɔ'rɔ̃tsɔ]
está calor	**ciepło**	['ʧepwɔ]
quente	**ciepły**	['ʧepwɨ]
está frio	**zimno**	['ʒimnɔ]
frio	**zimny**	['ʒimnɨ]
sol (m)	**słońce** (n)	['swɔɲtsɛ]
brilhar (vi)	**świecić**	['ɕfeʧiʧ]
de sol, ensolarado	**słoneczny**	[swɔ'nɛʧnɨ]
nascer (vi)	**wzejść**	[vzɛjɕʧ]
pôr-se (vr)	**zajść**	[zajɕʧ]
nuvem (f)	**obłok** (m)	['ɔbwɔk]
nublado	**zachmurzony**	[zahmu'ʒɔnɨ]
nuvem (f) preta	**chmura** (ż)	['hmura]
escuro, cinzento	**pochmurny**	[pɔh'murnɨ]
chuva (f)	**deszcz** (m)	[dɛʃʧ]
está a chover	**pada deszcz**	['pada dɛʃʧ]
chuvoso	**deszczowy**	[dɛʃt'ʃɔvɨ]
chuviscar (vi)	**mżyć**	[mʒɨʧ]
chuva (f) torrencial	**ulewny deszcz** (m)	[u'levnɨ dɛʃʧ]
chuvada (f)	**ulewa** (ż)	[u'leva]
forte (chuva)	**silny**	['ɕiʎnɨ]
poça (f)	**kałuża** (ż)	[ka'wuʒa]
molhar-se (vr)	**moknąć**	['mɔknɔ̃ʧ]
nevoeiro (m)	**mgła** (ż)	[mgwa]
de nevoeiro	**mglisty**	['mglistɨ]
neve (f)	**śnieg** (m)	[ɕnek]
está a nevar	**pada śnieg**	['pada ɕnek]

134. Tempo extremo. Catástrofes naturais

trovoada (f)	**burza** (ż)	['buʒa]
relâmpago (m)	**błyskawica** (ż)	[bwɨska'vitsa]
relampejar (vi)	**błyskać**	['bwɨskatʃ]
trovão (m)	**grzmot** (m)	[gʒmɔt]
trovejar (vi)	**grzmieć**	[gʒmetʃ]
está a trovejar	**grzmi**	[gʒmi]
granizo (m)	**grad** (m)	[grat]
está a cair granizo	**pada grad**	['pada grat]
inundar (vt)	**zatopić**	[za'tɔpitʃ]
inundação (f)	**powódź** (ż)	['pɔvutʃ]
terremoto (m)	**trzęsienie** (n) **ziemi**	[tʃɛ̃'ɕene 'ʒemi]
abalo, tremor (m)	**wstrząs** (m)	[fstʃɔ̃s]
epicentro (m)	**epicentrum** (n)	[ɛpi'tsɛntrum]
erupção (f)	**wybuch** (m)	['vɨbuh]
lava (f)	**lawa** (ż)	['ʎava]
turbilhão (m)	**trąba** (ż) **powietrzna**	['trɔ̃ba pɔ'vetʃna]
tornado (m)	**tornado** (n)	[tɔr'nadɔ]
tufão (m)	**tajfun** (m)	['tajfun]
furacão (m)	**huragan** (m)	[hu'ragan]
tempestade (f)	**burza** (ż)	['buʒa]
tsunami (m)	**tsunami** (n)	[tsu'nami]
ciclone (m)	**cyklon** (m)	['tsɨklɔn]
mau tempo (m)	**niepogoda** (ż)	[nepɔ'gɔda]
incêndio (m)	**pożar** (m)	['pɔʒar]
catástrofe (f)	**katastrofa** (ż)	[katast'rɔfa]
meteorito (m)	**meteoryt** (m)	[mɛtɛ'ɔrɨt]
avalanche (f)	**lawina** (ż)	[ʎa'vina]
deslizamento (m) de neve	**lawina** (ż)	[ʎa'vina]
nevasca (f)	**zamieć** (ż)	['zametʃ]
tempestade (f) de neve	**śnieżyca** (ż)	[ɕne'ʒɨtsa]

Fauna

135. Mamíferos. Predadores

predador (m)	**drapieżnik** (m)	[dra'peʒnik]
tigre (m)	**tygrys** (m)	['tɨgrɨs]
leão (m)	**lew** (m)	[lef]
lobo (m)	**wilk** (m)	[viʎk]
raposa (f)	**lis** (m)	[lis]
jaguar (m)	**jaguar** (m)	[ja'guar]
leopardo (m)	**lampart** (m)	['ʎampart]
chita (f)	**gepard** (m)	['gɛpart]
pantera (f)	**pantera** (ż)	[pan'tɛra]
puma (m)	**puma** (ż)	['puma]
leopardo-das-neves (m)	**irbis** (m)	['irbis]
lince (m)	**ryś** (m)	[rɨɕ]
coiote (m)	**kojot** (m)	['kɔ3t]
chacal (m)	**szakal** (m)	['ʃakaʎ]
hiena (f)	**hiena** (ż)	['hʰena]

136. Animais selvagens

animal (m)	**zwierzę** (n)	['zveʒɛ̃]
besta (f)	**dzikie zwierzę** (n)	['dʒike 'zveʒɛ̃]
esquilo (m)	**wiewiórka** (ż)	[ve'vyrka]
ouriço (m)	**jeż** (m)	[eʃ]
lebre (f)	**zając** (m)	['zaɔ̃ʦ]
coelho (m)	**królik** (m)	['krulik]
texugo (m)	**borsuk** (m)	['bɔrsuk]
guaxinim (m)	**szop** (m)	[ʃɔp]
hamster (m)	**chomik** (m)	['hɔmik]
marmota (f)	**świstak** (m)	['ɕfistak]
toupeira (f)	**kret** (m)	[krɛt]
rato (m)	**mysz** (ż)	[mɨʃ]
ratazana (f)	**szczur** (m)	[ʃʧur]
morcego (m)	**nietoperz** (m)	[ne'tɔpɛʃ]
arminho (m)	**gronostaj** (m)	[grɔ'nɔstaj]
zibelina (f)	**soból** (m)	['sɔbuʎ]
marta (f)	**kuna** (ż)	['kuna]
doninha (f)	**łasica** (ż)	[wa'ɕiʦa]
vison (m)	**norka** (ż)	['nɔrka]

castor (m)	**bóbr** (m)	[bubr]
lontra (f)	**wydra** (ż)	['vɨdra]
cavalo (m)	**koń** (m)	[kɔɲ]
alce (m)	**łoś** (m)	[wɔɕ]
veado (m)	**jeleń** (m)	['eleɲ]
camelo (m)	**wielbłąd** (m)	['veʎbwɔ̃t]
bisão (m)	**bizon** (m)	['bizɔn]
auroque (m)	**żubr** (m)	[ʒubr]
búfalo (m)	**bawół** (m)	['bavuw]
zebra (f)	**zebra** (ż)	['zɛbra]
antílope (m)	**antylopa** (ż)	[antɨ'lɔpa]
corça (f)	**sarna** (ż)	['sarna]
gamo (m)	**łania** (ż)	['waɲa]
camurça (f)	**kozica** (ż)	[kɔ'ʒitsa]
javali (m)	**dzik** (m)	[dʒik]
baleia (f)	**wieloryb** (m)	[ve'lɔrɨp]
foca (f)	**foka** (ż)	['fɔka]
morsa (f)	**mors** (m)	[mɔrs]
urso-marinho (m)	**kot** (m) **morski**	[kɔt 'mɔrski]
golfinho (m)	**delfin** (m)	['dɛʎfin]
urso (m)	**niedźwiedź** (m)	['nedʒʲvetʃ]
urso (m) branco	**niedźwiedź** (m) **polarny**	['nedʒʲvetʃ pɔ'ʎarnɨ]
panda (m)	**panda** (ż)	['panda]
macaco (em geral)	**małpa** (ż)	['mawpa]
chimpanzé (m)	**szympans** (m)	['ʃɨmpans]
orangotango (m)	**orangutan** (m)	[ɔra'ŋutan]
gorila (m)	**goryl** (m)	['gɔrɨʎ]
macaco (m)	**makak** (m)	['makak]
gibão (m)	**gibon** (m)	['gibɔn]
elefante (m)	**słoń** (m)	['swɔɲ]
rinoceronte (m)	**nosorożec** (m)	[nɔsɔ'rɔʒɛts]
girafa (f)	**żyrafa** (ż)	[ʒɨ'rafa]
hipopótamo (m)	**hipopotam** (m)	[hipɔ'pɔtam]
canguru (m)	**kangur** (m)	['kaŋur]
coala (m)	**koala** (ż)	[kɔ'aʎa]
mangusto (m)	**mangusta** (ż)	[ma'ŋusta]
chinchila (m)	**szynszyla** (ż)	[ʃɨn'ʃɨʎa]
doninha-fedorenta (f)	**skunks** (m)	[skuŋks]
porco-espinho (m)	**jeżozwierz** (m)	[e'ʒɔzveʃ]

137. Animais domésticos

gata (f)	**kotka** (ż)	['kɔtka]
gato (m) macho	**kot** (m)	[kɔt]
cão (m)	**pies** (m)	[pes]

cavalo (m)	**koń** (m)	[kɔɲ]
garanhão (m)	**źrebak** (m), **ogier** (m)	['ʑʲrɛbak], ['ɔgjer]
égua (f)	**klacz** (ż)	[kʎatʃ]
vaca (f)	**krowa** (ż)	['krɔva]
touro (m)	**byk** (m)	[bɨk]
boi (m)	**wół** (m)	[vuw]
ovelha (f)	**owca** (ż)	['ɔftsa]
carneiro (m)	**baran** (m)	['baran]
cabra (f)	**koza** (ż)	['kɔza]
bode (m)	**kozioł** (m)	['kɔʒɜw]
burro (m)	**osioł** (m)	['ɔɕɜw]
mula (f)	**muł** (m)	[muw]
porco (m)	**świnia** (ż)	['ɕfiɲa]
leitão (m)	**prosiak** (m)	['prɔɕak]
coelho (m)	**królik** (m)	['krulik]
galinha (f)	**kura** (ż)	['kura]
galo (m)	**kogut** (m)	['kɔgut]
pata (f)	**kaczka** (ż)	['katʃka]
pato (macho)	**kaczor** (m)	['katʃɔr]
ganso (m)	**gęś** (ż)	[gɛ̃ɕ]
peru (m)	**indyk** (m)	['indɨk]
perua (f)	**indyczka** (ż)	[in'dɨtʃka]
animais (m pl) domésticos	**zwierzęta** (l.mn.) **domowe**	[zve'ʒɛnta dɔ'mɔvɛ]
domesticado	**oswojony**	[ɔsfɔʒnɨ]
domesticar (vt)	**oswajać**	[ɔs'fajatʃ]
criar (vt)	**hodować**	[hɔ'dɔvatʃ]
quinta (f)	**ferma** (ż)	['fɛrma]
aves (f pl) domésticas	**drób** (m)	[drup]
gado (m)	**bydło** (n)	['bɨdwɔ]
rebanho (m), manada (f)	**stado** (n)	['stadɔ]
estábulo (m)	**stajnia** (ż)	['stajɲa]
pocilga (f)	**chlew** (m)	[hlef]
estábulo (m)	**obora** (ż)	[ɔ'bɔra]
coelheira (f)	**klatka** (ż) **dla królików**	['klatka dʎa krɔ'likɔf]
galinheiro (m)	**kurnik** (m)	['kurnik]

138. Pássaros

pássaro (m), ave (f)	**ptak** (m)	[ptak]
pombo (m)	**gołąb** (m)	['gɔwɔ̃p]
pardal (m)	**wróbel** (m)	['vrubɛʎ]
chapim-real (m)	**sikorka** (ż)	[ɕi'kɔrka]
pega-rabuda (f)	**sroka** (ż)	['srɔka]
corvo (m)	**kruk** (m)	[kruk]

gralha (f) cinzenta	**wrona** (ż)	['vrɔna]
gralha-de-nuca-cinzenta (f)	**kawka** (ż)	['kafka]
gralha-calva (f)	**gawron** (m)	['gavrɔn]
pato (m)	**kaczka** (ż)	['katʃka]
ganso (m)	**gęś** (ż)	[gɛ̃ɕ]
faisão (m)	**bażant** (m)	['baʒant]
águia (f)	**orzeł** (m)	['ɔʒɛw]
açor (m)	**jastrząb** (m)	['jastʃɔ̃p]
falcão (m)	**sokół** (m)	['sɔkuw]
abutre (m)	**sęp** (m)	[sɛ̃p]
condor (m)	**kondor** (m)	['kɔndɔr]
cisne (m)	**łabędź** (m)	['wabɛ̃tʃ]
grou (m)	**żuraw** (m)	['ʒuraf]
cegonha (f)	**bocian** (m)	['bɔtʃʲan]
papagaio (m)	**papuga** (ż)	[pa'puga]
beija-flor (m)	**koliber** (m)	[kɔ'libɛr]
pavão (m)	**paw** (m)	[paf]
avestruz (m)	**struś** (m)	[struɕ]
garça (f)	**czapla** (ż)	['tʃapʎa]
flamingo (m)	**flaming** (m)	['fʎamiŋ]
pelicano (m)	**pelikan** (m)	[pɛ'likan]
rouxinol (m)	**słowik** (m)	['swɔvik]
andorinha (f)	**jaskółka** (ż)	[jas'kuwka]
tordo-zornal (m)	**drozd** (m)	[drɔst]
tordo-músico (m)	**drozd śpiewak** (m)	[drɔst 'ɕpevak]
melro-preto (m)	**kos** (m)	[kɔs]
andorinhão (m)	**jerzyk** (m)	['eʒɨk]
cotovia (f)	**skowronek** (m)	[skɔv'rɔnɛk]
codorna (f)	**przepiórka** (ż)	[pʃɛ'pyrka]
pica-pau (m)	**dzięcioł** (m)	['dʒɛ̃tʃɔw]
cuco (m)	**kukułka** (ż)	[ku'kuwka]
coruja (f)	**sowa** (ż)	['sɔva]
corujão, bufo (m)	**puchacz** (m)	['puhatʃ]
tetraz-grande (m)	**głuszec** (m)	['gwuʃɛts]
tetraz-lira (m)	**cietrzew** (m)	['tʃetʃɛf]
perdiz-cinzenta (f)	**kuropatwa** (ż)	[kurɔ'patfa]
estorninho (m)	**szpak** (m)	[ʃpak]
canário (m)	**kanarek** (m)	[ka'narɛk]
galinha-do-mato (f)	**jarząbek** (m)	[ja'ʒɔ̃bɛk]
tentilhão (m)	**zięba** (ż)	['ʒɛ̃ba]
dom-fafe (m)	**gil** (m)	[giʎ]
gaivota (f)	**mewa** (ż)	['mɛva]
albatroz (m)	**albatros** (m)	[aʎ'batrɔs]
pinguim (m)	**pingwin** (m)	['piŋvin]

139. Peixes. Animais marinhos

brema (f)	**leszcz** (m)	[leʃtʃ]
carpa (f)	**karp** (m)	[karp]
perca (f)	**okoń** (m)	['ɔkɔɲ]
siluro (m)	**sum** (m)	[sum]
lúcio (m)	**szczupak** (m)	['ʃtʃupak]
salmão (m)	**łosoś** (m)	['wɔsɔɕ]
esturjão (m)	**jesiotr** (m)	['eɕɜtr]
arenque (m)	**śledź** (m)	[ɕletʃ]
salmão (m)	**łosoś** (m)	['wɔsɔɕ]
cavala, sarda (f)	**makrela** (ż)	[mak'rɛla]
solha (f)	**flądra** (ż)	[flɔ̃dra]
lúcio perca (m)	**sandacz** (m)	['sandatʃ]
bacalhau (m)	**dorsz** (m)	[dɔrʃ]
atum (m)	**tuńczyk** (m)	['tuɲtʃɨk]
truta (f)	**pstrąg** (m)	[pstrɔ̃k]
enguia (f)	**węgorz** (m)	['vɛŋɔʃ]
raia elétrica (f)	**drętwa** (ż)	['drɛntfa]
moreia (f)	**murena** (ż)	[mu'rɛna]
piranha (f)	**pirania** (ż)	[pi'raɲja]
tubarão (m)	**rekin** (m)	['rɛkin]
golfinho (m)	**delfin** (m)	['dɛʎfin]
baleia (f)	**wieloryb** (m)	[ve'lɜrɨp]
caranguejo (m)	**krab** (m)	[krap]
medusa, alforreca (f)	**meduza** (ż)	[mɛ'duza]
polvo (m)	**ośmiornica** (ż)	[ɔɕmɜr'nitsa]
estrela-do-mar (f)	**rozgwiazda** (ż)	[rɔzg'vʲazda]
ouriço-do-mar (m)	**jeżowiec** (m)	[e'ʒɔvets]
cavalo-marinho (m)	**konik** (m) **morski**	['kɔnik 'mɔrski]
ostra (f)	**ostryga** (ż)	[ɔst'rɨga]
camarão (m)	**krewetka** (ż)	[krɛ'vɛtka]
lavagante (m)	**homar** (m)	['hɔmar]
lagosta (f)	**langusta** (ż)	[ʎa'ŋusta]

140. Amfíbios. Répteis

serpente, cobra (f)	**wąż** (m)	[vɔ̃ʃ]
venenoso	**jadowity**	[jadɔ'vitɨ]
víbora (f)	**żmija** (ż)	['ʒmija]
cobra-capelo, naja (f)	**kobra** (ż)	['kɔbra]
pitão (m)	**pyton** (m)	['pɨtɔn]
jiboia (f)	**wąż dusiciel** (m)	[vɔ̃ʒ du'ɕitʃeʎ]
cobra-de-água (f)	**zaskroniec** (m)	[zask'rɔnets]

cascavel (f)	**grzechotnik** (m)	[gʒɛ'hɔtnik]
anaconda (f)	**anakonda** (ż)	[ana'kɔnda]
lagarto (m)	**jaszczurka** (ż)	[jaʃt'ʃurka]
iguana (f)	**legwan** (m)	['legvan]
varano (m)	**waran** (m)	['varan]
salamandra (f)	**salamandra** (ż)	[saʎa'mandra]
camaleão (m)	**kameleon** (m)	[kamɛ'leɔn]
escorpião (m)	**skorpion** (m)	['skɔrpʰɜn]
tartaruga (f)	**żółw** (m)	[ʒuwf]
rã (f)	**żaba** (ż)	['ʒaba]
sapo (m)	**ropucha** (ż)	[rɔ'puha]
crocodilo (m)	**krokodyl** (m)	[krɔ'kɔdɨʎ]

141. Insetos

inseto (m)	**owad** (m)	['ɔvat]
borboleta (f)	**motyl** (m)	['mɔtɨʎ]
formiga (f)	**mrówka** (ż)	['mrufka]
mosca (f)	**mucha** (ż)	['muha]
mosquito (m)	**komar** (m)	['kɔmar]
escaravelho (m)	**żuk** (m), **chrząszcz** (m)	[ʒuk], [hʃɔ̃ʃtʃ]
vespa (f)	**osa** (ż)	['ɔsa]
abelha (f)	**pszczoła** (ż)	['pʃtʃɔwa]
mamangava (f)	**trzmiel** (m)	[tʃmeʎ]
moscardo (m)	**giez** (m)	[ges]
aranha (f)	**pająk** (m)	['paɔ̃k]
teia (f) de aranha	**pajęczyna** (ż)	[paɛ̃t'ʃɨna]
libélula (f)	**ważka** (ż)	['vaʃka]
gafanhoto-do-campo (m)	**konik** (m) **polny**	['kɔnik 'pɔʎnɨ]
traça (f)	**omacnica** (ż)	[ɔmaʦ'niʦa]
barata (f)	**karaluch** (m)	[ka'ralyh]
carraça (f)	**kleszcz** (m)	[kleʃtʃ]
pulga (f)	**pchła** (ż)	[phwa]
borrachudo (m)	**meszka** (ż)	['mɛʃka]
gafanhoto (m)	**szarańcza** (ż)	[ʃa'raɲtʃa]
caracol (m)	**ślimak** (m)	['ɕlimak]
grilo (m)	**świerszcz** (m)	[ɕferʃtʃ]
pirilampo (m)	**robaczek** (m) **świętojański**	[rɔ'batʃɛk ɕfɛ̃tɔ'jaɲski]
joaninha (f)	**biedronka** (ż)	[bed'rɔŋka]
besouro (m)	**chrabąszcz** (m) **majowy**	['hrabɔ̃ʃtʃ maʒvɨ]
sanguessuga (f)	**pijawka** (ż)	[pi'jafka]
lagarta (f)	**gąsienica** (ż)	[gɔ̃ɕe'niʦa]
minhoca (f)	**robak** (m)	['rɔbak]
larva (f)	**poczwarka** (ż)	[pɔtʃ'farka]

Flora

142. Árvores

árvore (f)	**drzewo** (n)	['dʒɛvɔ]
decídua	**liściaste**	[liɕ'ʧastɛ]
conífera	**iglaste**	[ig'ʎastɛ]
perene	**wiecznie zielony**	[veʧnɛʒe'lɜnɨ]
macieira (f)	**jabłoń** (ż)	['jabwɔɲ]
pereira (f)	**grusza** (ż)	['gruʃa]
cerejeira (f)	**czereśnia** (ż)	[ʧɛ'rɛɕɲa]
ginjeira (f)	**wiśnia** (ż)	['viɕɲa]
ameixeira (f)	**śliwa** (ż)	['ɕliva]
bétula (f)	**brzoza** (ż)	['bʒɔza]
carvalho (m)	**dąb** (m)	[dɔ̃p]
tília (f)	**lipa** (ż)	['lipa]
choupo-tremedor (m)	**osika** (ż)	[ɔ'ɕika]
bordo (m)	**klon** (m)	['klɜn]
espruce-europeu (m)	**świerk** (m)	['ɕferk]
pinheiro (m)	**sosna** (ż)	['sɔsna]
alerce, lariço (m)	**modrzew** (m)	['mɔdʒɛf]
abeto (m)	**jodła** (ż)	[ɜdwa]
cedro (m)	**cedr** (m)	[ʦɛdr]
choupo, álamo (m)	**topola** (ż)	[tɔ'pɔʎa]
tramazeira (f)	**jarzębina** (ż)	[jaʒɛ̃'bina]
salgueiro (m)	**wierzba iwa** (ż)	['veʒba 'iva]
amieiro (m)	**olcha** (ż)	['ɔʎha]
faia (f)	**buk** (m)	[buk]
ulmeiro (m)	**wiąz** (m)	[vɔ̃z]
freixo (m)	**jesion** (m)	['eɕɜn]
castanheiro (m)	**kasztan** (m)	['kaʃtan]
magnólia (f)	**magnolia** (ż)	[mag'nɔʎja]
palmeira (f)	**palma** (ż)	['paʎma]
cipreste (m)	**cyprys** (m)	['ʦɨprɨs]
mangue (m)	**drzewo** (n) **mangrowe**	['dʒɛvɔ maŋ'rɔvɛ]
embondeiro, baobá (m)	**baobab** (m)	[ba'ɔbap]
eucalipto (m)	**eukaliptus** (m)	[ɛuka'liptus]
sequoia (f)	**sekwoja** (ż)	[sɛk'fɔja]

143. Arbustos

arbusto (m)	**krzew** (m)	[kʃɛf]
arbusto (m), moita (f)	**krzaki** (l.mn.)	['kʃaki]

videira (f)	**winorośl** (ż)	[vi'nɔrɔɕʎ]
vinhedo (m)	**winnica** (ż)	[vi'ɲitsa]
framboeseira (f)	**malina** (ż)	[ma'lina]
groselheira-vermelha (f)	**porzeczka** (ż) **czerwona**	[pɔ'ʒɛʧka ʧɛr'vɔna]
groselheira (f) espinhosa	**agrest** (m)	['agrɛst]
acácia (f)	**akacja** (ż)	[a'katsʰja]
bérberis (f)	**berberys** (m)	[bɛr'bɛrɨs]
jasmim (m)	**jaśmin** (m)	['jaɕmin]
junípero (m)	**jałowiec** (m)	[ja'wɔvets]
roseira (f)	**róża** (ż)	['ruʒa]
roseira (f) brava	**dzika róża** (ż)	['dʒika 'ruʒa]

144. Frutos. Bagas

fruta (f)	**owoc** (m)	['ɔvɔts]
frutas (f pl)	**owoce** (l.mn.)	[ɔ'vɔtsɛ]
maçã (f)	**jabłko** (n)	['jabkɔ]
pera (f)	**gruszka** (ż)	['gruʃka]
ameixa (f)	**śliwka** (ż)	['ɕlifka]
morango (m)	**truskawka** (ż)	[trus'kafka]
ginja (f)	**wiśnia** (ż)	['viɕɲa]
cereja (f)	**czereśnia** (ż)	[ʧɛ'rɛɕɲa]
uva (f)	**winogrona** (l.mn.)	[vinɔg'rɔna]
framboesa (f)	**malina** (ż)	[ma'lina]
groselha (f) preta	**czarna porzeczka** (ż)	['ʧarna pɔ'ʒɛʧka]
groselha (f) vermelha	**czerwona porzeczka** (ż)	[ʧɛr'vɔna pɔ'ʒɛʧka]
groselha (f) espinhosa	**agrest** (m)	['agrɛst]
oxicoco (m)	**żurawina** (ż)	[ʒura'vina]
laranja (f)	**pomarańcza** (ż)	[pɔma'raɲʧa]
tangerina (f)	**mandarynka** (ż)	[manda'rɨŋka]
ananás (m)	**ananas** (ż)	[a'nanas]
banana (f)	**banan** (m)	['banan]
tâmara (f)	**daktyl** (m)	['daktɨl]
limão (m)	**cytryna** (ż)	[tsɨt'rɨna]
damasco (m)	**morela** (ż)	[mɔ'rɛʎa]
pêssego (m)	**brzoskwinia** (ż)	[bʒɔsk'fiɲa]
kiwi (m)	**kiwi** (n)	['kivi]
toranja (f)	**grejpfrut** (m)	['grɛjpfrut]
baga (f)	**jagoda** (ż)	[ja'gɔda]
bagas (f pl)	**jagody** (l.mn.)	[ja'gɔdɨ]
arando (m) vermelho	**borówka** (ż)	[bɔ'rufka]
morango-silvestre (m)	**poziomka** (ż)	[pɔ'ʒɜmka]
mirtilo (m)	**borówka** (ż) **czarna**	[bɔ'rɔfka 'ʧarna]

145. Flores. Plantas

flor (f)	**kwiat** (m)	[kfʲat]
ramo (m) de flores	**bukiet** (m)	['buket]
rosa (f)	**róża** (ż)	['ruʒa]
tulipa (f)	**tulipan** (m)	[tu'lipan]
cravo (m)	**goździk** (m)	['gɔʑʲʤik]
gladíolo (m)	**mieczyk** (m)	['metʃɨk]
centáurea (f)	**bławatek** (m)	[bwa'vatɛk]
campânula (f)	**dzwonek** (m)	['ʣvɔnɛk]
dente-de-leão (m)	**dmuchawiec** (m)	[dmu'havets]
camomila (f)	**rumianek** (m)	[ru'mʲanɛk]
aloé (m)	**aloes** (m)	[a'lɜɛs]
cato (m)	**kaktus** (m)	['kaktus]
fícus (m)	**fikus** (m)	['fikus]
lírio (m)	**lilia** (ż)	['liʎja]
gerânio (m)	**pelargonia** (ż)	[pɛʎar'gɔɲja]
jacinto (m)	**hiacynt** (m)	['hʰjatsɨnt]
mimosa (f)	**mimoza** (ż)	[mi'mɔza]
narciso (m)	**narcyz** (m)	['nartsɨs]
capuchinha (f)	**nasturcja** (ż)	[nas'turtsʰja]
orquídea (f)	**orchidea** (ż)	[ɔrhi'dɛa]
peónia (f)	**piwonia** (ż)	[pi'vɔɲja]
violeta (f)	**fiołek** (m)	[fʰɜwɛk]
amor-perfeito (m)	**bratek** (m)	['bratɛk]
não-me-esqueças (m)	**niezapominajka** (ż)	[nezapɔmi'najka]
margarida (f)	**stokrotka** (ż)	[stɔk'rɔtka]
papoula (f)	**mak** (m)	[mak]
cânhamo (m)	**konopie** (l.mn.)	[kɔ'nɔpje]
hortelã (f)	**mięta** (ż)	['menta]
lírio-do-vale (m)	**konwalia** (ż)	[kɔn'vaʎja]
campânula-branca (f)	**przebiśnieg** (m)	[pʃɛ'biɕnek]
urtiga (f)	**pokrzywa** (ż)	[pɔk'ʃɨva]
azeda (f)	**szczaw** (m)	[ʃtʃaf]
nenúfar (m)	**lilia wodna** (ż)	['liʎja 'vɔdna]
feto (m), samambaia (f)	**paproć** (ż)	['paprɔtʃ]
líquen (m)	**porost** (m)	['pɔrɔst]
estufa (f)	**szklarnia** (ż)	['ʃkʎarɲa]
relvado (m)	**trawnik** (m)	['travnik]
canteiro (m) de flores	**klomb** (m)	['klɜmp]
planta (f)	**roślina** (ż)	[rɔɕ'lina]
erva (f)	**trawa** (ż)	['trava]
folha (f) de erva	**źdźbło** (n)	[ʑʲʤʲbwɔ]

folha (f)	**liść** (m)	[liɕʧ]
pétala (f)	**płatek** (m)	['pwatɛk]
talo (m)	**łodyga** (ż)	[wɔ'dɨga]
tubérculo (m)	**bulwa** (ż)	['buʎva]
broto, rebento (m)	**kiełek** (m)	['kewɛk]
espinho (m)	**kolec** (m)	['kɔlets]
florescer (vi)	**kwitnąć**	['kfitnɔ̃ʧ]
murchar (vi)	**więdnąć**	['vendnɔ̃ʧ]
cheiro (m)	**zapach** (m)	['zapah]
cortar (flores)	**ściąć**	[ɕʧɔ̃ʲʧ]
colher (uma flor)	**zerwać**	['zɛrvaʧ]

146. Cereais, grãos

grão (m)	**zboże** (n)	['zbɔʒɛ]
cereais (plantas)	**zboża** (l.mn.)	['zbɔʒa]
espiga (f)	**kłos** (m)	[kwɔs]
trigo (m)	**pszenica** (ż)	[pʃɛ'nitsa]
centeio (m)	**żyto** (n)	['ʒɨtɔ]
aveia (f)	**owies** (m)	['ɔves]
milho-miúdo (m)	**proso** (n)	['prɔsɔ]
cevada (f)	**jęczmień** (m)	['enʧmɛ̃]
milho (m)	**kukurydza** (ż)	[kuku'rɨdza]
arroz (m)	**ryż** (m)	[rɨʃ]
trigo-sarraceno (m)	**gryka** (ż)	['grɨka]
ervilha (f)	**groch** (m)	[grɔh]
feijão (m)	**fasola** (ż)	[fa'sɔʎa]
soja (f)	**soja** (ż)	['sɔja]
lentilha (f)	**soczewica** (ż)	[sɔʧɛ'vitsa]
fava (f)	**bób** (m)	[bup]

PAÍSES. NACIONALIDADES

147. Europa Ocidental

Europa (f)	**Europa** (ż)	[ɛu'rɔpa]
União (f) Europeia	**Unia** (ż) **Europejska**	['uɲja ɛurɔ'pɛjska]
Áustria (f)	**Austria** (ż)	['austrʰja]
Grã-Bretanha (f)	**Wielka Brytania** (ż)	['veʎka brɨ'taɲja]
Inglaterra (f)	**Anglia** (ż)	['aŋʎja]
Bélgica (f)	**Belgia** (ż)	['bɛʎgʰja]
Alemanha (f)	**Niemcy** (l.mn.)	['nemʦɨ]
Países (m pl) Baixos	**Niderlandy** (l.mn.)	[nidɛr'ʎandɨ]
Holanda (f)	**Holandia** (ż)	[hɔ'ʎandʰja]
Grécia (f)	**Grecja** (ż)	['grɛʦʰja]
Dinamarca (f)	**Dania** (ż)	['daɲja]
Irlanda (f)	**Irlandia** (ż)	[ir'ʎandʰja]
Islândia (f)	**Islandia** (ż)	[is'ʎandʰja]
Espanha (f)	**Hiszpania** (ż)	[hiʃ'paɲja]
Itália (f)	**Włochy** (l.mn.)	['vwɔhɨ]
Chipre (m)	**Cypr** (m)	[ʦɨpr]
Malta (f)	**Malta** (ż)	['maʎta]
Noruega (f)	**Norwegia** (ż)	[nɔr'vɛgʰja]
Portugal (m)	**Portugalia** (ż)	[pɔrtu'gaʎja]
Finlândia (f)	**Finlandia** (ż)	[fin'ʎandʰja]
França (f)	**Francja** (ż)	['franʦʰja]
Suécia (f)	**Szwecja** (ż)	['ʃfɛʦʰja]
Suíça (f)	**Szwajcaria** (ż)	[ʃfaj'ʦarʰja]
Escócia (f)	**Szkocja** (ż)	['ʃkɔʦʰja]
Vaticano (m)	**Watykan** (m)	[va'tɨkan]
Liechtenstein (m)	**Liechtenstein** (m)	['lihtɛnʃtajn]
Luxemburgo (m)	**Luksemburg** (m)	['lyksɛmburk]
Mónaco (m)	**Monako** (n)	[mɔ'nakɔ]

148. Europa Central e de Leste

Albânia (f)	**Albania** (ż)	[aʎ'baɲja]
Bulgária (f)	**Bułgaria** (ż)	[buw'garʰja]
Hungria (f)	**Węgry** (l.mn.)	['vɛŋrɨ]
Letónia (f)	**Łotwa** (ż)	['wɔtfa]
Lituânia (f)	**Litwa** (ż)	['litfa]
Polónia (f)	**Polska** (ż)	['pɔʎska]

Roménia (f)	**Rumunia** (ż)	[ru'muɲja]
Sérvia (f)	**Serbia** (ż)	['sɛrbʰja]
Eslováquia (f)	**Słowacja** (ż)	[swɔ'vaʦʰja]
Croácia (f)	**Chorwacja** (ż)	[hɔr'vaʦʰja]
República (f) Checa	**Czechy** (l.mn.)	['ʧɛhɨ]
Estónia (f)	**Estonia** (ż)	[ɛs'tɔɲja]
Bósnia e Herzegovina (f)	**Bośnia i Hercegowina** (ż)	['bɔɕɲa i hɛrʦɛgɔ'vina]
Macedónia (f)	**Macedonia** (ż)	[maʦɛ'dɔɲja]
Eslovénia (f)	**Słowenia** (ż)	[swɔ'vɛɲja]
Montenegro (m)	**Czarnogóra** (ż)	[ʧarnɔ'gura]

149. Países da ex-URSS

Azerbaijão (m)	**Azerbejdżan** (m)	[azɛr'bɛjʤan]
Arménia (f)	**Armenia** (ż)	[ar'mɛɲja]
Bielorrússia (f)	**Białoruś** (ż)	[bʲa'wɔruɕ]
Geórgia (f)	**Gruzja** (ż)	['gruzʰja]
Cazaquistão (m)	**Kazachstan** (m)	[ka'zahstan]
Quirguistão (m)	**Kirgizja** (ż), **Kirgistan** (m)	[kir'gizʰja], [kir'gistan]
Moldávia (f)	**Mołdawia** (ż)	[mɔw'davʰja]
Rússia (f)	**Rosja** (ż)	['rɔsʰja]
Ucrânia (f)	**Ukraina** (ż)	[ukra'ina]
Tajiquistão (m)	**Tadżykistan** (m)	[taʤɨ'kistan]
Turquemenistão (m)	**Turkmenia** (ż)	[turk'mɛɲja]
Uzbequistão (f)	**Uzbekistan** (m)	[uzbɛ'kistan]

150. Asia

Ásia (f)	**Azja** (ż)	['azʰja]
Vietname (m)	**Wietnam** (m)	['vʰetnam]
Índia (f)	**Indie** (l.mn.)	['indʰe]
Israel (m)	**Izrael** (m)	[iz'raɛʎ]
China (f)	**Chiny** (l.mn.)	['hinɨ]
Líbano (m)	**Liban** (m)	['liban]
Mongólia (f)	**Mongolia** (ż)	[mɔ'ŋɔʎja]
Malásia (f)	**Malezja** (ż)	[ma'lezʰja]
Paquistão (m)	**Pakistan** (m)	[pa'kistan]
Arábia (f) Saudita	**Arabia** (ż) **Saudyjska**	[a'rabʰja sau'dijska]
Tailândia (f)	**Tajlandia** (ż)	[taj'ʎandʰja]
Taiwan (m)	**Tajwan** (m)	['tajvan]
Turquia (f)	**Turcja** (ż)	['turʦʰja]
Japão (m)	**Japonia** (ż)	[ja'pɔɲja]
Afeganistão (m)	**Afganistan** (n)	[avga'nistan]
Bangladesh (m)	**Bangladesz** (m)	[baŋʎa'dɛʃ]

Indonésia (f)	**Indonezja** (ż)	[indɔ'nɛzʰja]
Jordânia (f)	**Jordania** (ż)	[ʒr'daɲja]
Iraque (m)	**Irak** (m)	['irak]
Irão (m)	**Iran** (m)	['iran]
Camboja (f)	**Kambodża** (ż)	[kam'bɔʤa]
Kuwait (m)	**Kuwejt** (m)	['kuvɛjt]
Laos (m)	**Laos** (m)	['ʎaɔs]
Myanmar (m), Birmânia (f)	**Mjanma** (ż)	['mjanma]
Nepal (m)	**Nepal** (m)	['nɛpaʎ]
Emirados Árabes Unidos	**Zjednoczone Emiraty Arabskie**	[zʰednɔt'ʃɔnɛ ɛmi'ratɨ a'rapske]
Síria (f)	**Syria** (ż)	['sɨrʰja]
Palestina (f)	**Autonomia** (ż) **Palestyńska**	[autɔ'nɔmʰja pales'tɨɲska]
Coreia do Sul (f)	**Korea** (ż) **Południowa**	[kɔ'rɛa pɔwud'nɜva]
Coreia do Norte (f)	**Korea** (ż) **Północna**	[kɔ'rɛa puw'nɔʦna]

151. América do Norte

Estados Unidos da América	**Stany** (l.mn.) **Zjednoczone Ameryki**	['stanɨ zʰednɔt'ʃɔnɛ a'mɛrɨki]
Canadá (m)	**Kanada** (ż)	[ka'nada]
México (m)	**Meksyk** (m)	['mɛksɨk]

152. América Central do Sul

Argentina (f)	**Argentyna** (ż)	[argɛn'tɨna]
Brasil (m)	**Brazylia** (ż)	[bra'zɨʎja]
Colômbia (f)	**Kolumbia** (ż)	[kɔ'lymbʰja]
Cuba (f)	**Kuba** (ż)	['kuba]
Chile (m)	**Chile** (n)	['ʧile]
Bolívia (f)	**Boliwia** (ż)	[bɔ'livʰja]
Venezuela (f)	**Wenezuela** (ż)	[vɛnɛzu'ɛʎa]
Paraguai (m)	**Paragwaj** (m)	[pa'ragvaj]
Peru (m)	**Peru** (n)	['pɛru]
Suriname (m)	**Surinam** (m)	[su'rinam]
Uruguai (m)	**Urugwaj** (m)	[u'rugvaj]
Equador (m)	**Ekwador** (m)	[ɛk'fadɔr]
Bahamas (f pl)	**Wyspy** (l.mn.) **Bahama**	['vɨspɨ ba'hama]
Haiti (m)	**Haiti** (n)	[ha'iti]
República (f) Dominicana	**Dominikana** (ż)	[dɔmini'kana]
Panamá (m)	**Panama** (ż)	[pa'nama]
Jamaica (f)	**Jamajka** (ż)	[ja'majka]

153. Africa

Egito (m)	**Egipt** (m)	['ɛgipt]
Marrocos	**Maroko** (n)	[ma'rɔkɔ]
Tunísia (f)	**Tunezja** (ż)	[tu'nɛzʰja]
Gana (f)	**Ghana** (ż)	['gana]
Zanzibar (m)	**Zanzibar** (m)	[zan'zibar]
Quénia (f)	**Kenia** (ż)	['kɛɲja]
Líbia (f)	**Libia** (ż)	['libʰja]
Madagáscar (m)	**Madagaskar** (m)	[mada'gaskar]
Namíbia (f)	**Namibia** (ż)	[na'mibʰja]
Senegal (m)	**Senegal** (m)	[sɛ'nɛgaʎ]
Tanzânia (f)	**Tanzania** (ż)	[tan'zaɲja]
África do Sul (f)	**Afryka** (ż) **Południowa**	['afrɨka pɔwud'nɜva]

154. Austrália. Oceania

Austrália (f)	**Australia** (ż)	[aust'raʎja]
Nova Zelândia (f)	**Nowa Zelandia** (ż)	['nɔva zɛ'ʎandʰja]
Tasmânia (f)	**Tasmania** (ż)	[tas'maɲja]
Polinésia Francesa (f)	**Polinezja** (ż) **Francuska**	[pɔli'nɛzʰja fran'ʦuska]

155. Cidades

Amesterdão	**Amsterdam** (m)	[ams'tɛrdam]
Ancara	**Ankara** (ż)	[a'ŋkara]
Atenas	**Ateny** (l.mn.)	[a'tɛnɨ]
Bagdade	**Bagdad** (m)	['bagdat]
Banguecoque	**Bangkok** (m)	['baŋkɔk]
Barcelona	**Barcelona** (ż)	[barʦɛ'lɜna]
Beirute	**Bejrut** (m)	['bɛjrut]
Berlim	**Berlin** (m)	['bɛrlin]
Bombaim	**Bombaj** (m)	['bɔmbaj]
Bona	**Bonn** (n)	[bɔn]
Bordéus	**Bordeaux** (n)	[bɔr'dɔ]
Bratislava	**Bratysława** (ż)	[bratɨs'wava]
Bruxelas	**Bruksela** (ż)	[bruk'sɛʎa]
Bucareste	**Bukareszt** (m)	[bu'karɛʃt]
Budapeste	**Budapeszt** (m)	[bu'dapɛʃt]
Cairo	**Kair** (m)	['kair]
Calcutá	**Kalkuta** (ż)	[kaʎ'kuta]
Chicago	**Chicago** (n)	[ʧi'kagɔ]
Cidade do México	**Meksyk** (m)	['mɛksɨk]
Copenhaga	**Kopenhaga** (ż)	[kɔpɛn'haga]
Dar es Salaam	**Dar es Salam** (m)	[dar ɛs 'saʎam]

Deli	**Delhi** (n)	['dɛli]
Dubai	**Dubaj** (n)	['dubaj]
Dublin, Dublim	**Dublin** (m)	['dublin]
Düsseldorf	**Düsseldorf** (m)	['dysɛʎdɔrf]
Estocolmo	**Sztokholm** (m)	['ʃtɔkhɔʎm]
Florença	**Florencja** (ż)	[flɜ'rɛnts^{h}ja]
Frankfurt	**Frankfurt** (m)	['fraŋkfurt]
Genebra	**Genewa** (ż)	[gɛ'nɛva]
Haia	**Haga** (ż)	['haga]
Hamburgo	**Hamburg** (m)	['hamburk]
Hanói	**Hanoi** (n)	['hanɔj]
Havana	**Hawana** (ż)	[ha'vana]
Helsínquia	**Helsinki** (l.mn.)	[hɛʎ'siŋki]
Hiroshima	**Hiroszima** (ż)	[hirɔ'ʃɨma]
Hong Kong	**Hongkong** (m)	['hɔŋkɔŋk]
Istambul	**Stambuł** (m)	['stambuw]
Jerusalém	**Jerozolima** (ż)	[jerɔzɔ'lima]
Kiev	**Kijów** (m)	['kijuf]
Kuala Lumpur	**Kuala Lumpur** (n)	[ku'aʎa 'lympur]
Lisboa	**Lizbona** (ż)	[liz'bɔna]
Londres	**Londyn** (m)	['lɜndɨn]
Los Angeles	**Los Angeles** (n)	['lɜs 'anʤɛles]
Lion	**Lyon** (m)	['ljɔn]
Madrid	**Madryt** (m)	['madrɨt]
Marselha	**Marsylia** (ż)	[mar'sɨʎja]
Miami	**Miami** (n)	[ma'jami]
Montreal	**Montreal** (m)	[mɔnt'rɛaʎ]
Moscovo	**Moskwa** (ż)	['mɔskfa]
Munique	**Monachium** (n)	[mɔ'nah^{h}jum]
Nairóbi	**Nairobi** (n)	[naj'rɔbi]
Nápoles	**Neapol** (m)	[nɛ'apɔʎ]
Nice	**Nicea** (ż)	[ni'tsɛa]
Nova York	**Nowy Jork** (m)	['nɔvɨ ɜrk]
Oslo	**Oslo** (n)	['ɔslɜ]
Ottawa	**Ottawa** (ż)	[ɔt'tava]
Paris	**Paryż** (m)	['parɨʃ]
Pequim	**Pekin** (m)	['pɛkin]
Praga	**Praga** (ż)	['praga]
Rio de Janeiro	**Rio de Janeiro** (n)	['riɜ dɛ ʒa'nɛjrɔ]
Roma	**Rzym** (m)	[ʒɨm]
São Petersburgo	**Sankt Petersburg** (m)	[saŋkt pe'tɛrsburk]
Seul	**Seul** (m)	['sɛuʎ]
Singapura	**Singapur** (m)	[si'ŋapur]
Sydney	**Sydney** (n)	['sɨdni]
Taipé	**Tajpej** (m)	['tajpɛj]
Tóquio	**Tokio** (n)	['tɔk^{h}ɜ]
Toronto	**Toronto** (n)	[tɔ'rɔntɔ]
Varsóvia	**Warszawa** (ż)	[var'ʃava]

Veneza	**Wenecja** (ż)	[vɛ'nɛʦʰja]
Viena	**Wiedeń** (m)	['vedɛɲ]
Washington	**Waszyngton** (m)	['vaʃɨŋktɔn]
Xangai	**Szanghaj** (m)	['ʃaŋkhaj]

www.ingramcontent.com/pod-product-compliance
Lightning Source LLC
Chambersburg PA
CBHW061954070426
42450CB00011BA/2992
9781784009274